MAIGRIR SANS REGROSSIR

Paru dans Le Livre de Poche :

MAIGRIR AVEC PIERRE PALLARDY

MAIGRIR LÀ OÙ VOUS VOULEZ

PLUS JAMAIS MAL AU DOS

LA GRANDE FORME APRÈS 40 ANS
(avec F. Pallardy)

PIERRE PALLARDY

Maigrir sans regrossir

avec ma méthode naturelle

ÉDITION° 1

Suivre une méthode naturelle,
c'est retrouver le bon sens,
l'équilibre, l'énergie, la sagesse.

INTRODUCTION

Pour maigrir, la première règle – et la plus importante – tient en une formule simple mais incontournable : retrouver l'harmonie de la tête et du ventre.

Trente-cinq ans de soins dans mon cabinet, la rédaction de plusieurs livres, et des centaines, voire des milliers, d'observations m'ont conduit à cette certitude : vouloir maigrir sans s'occuper, en même temps, de sa tête et de son ventre est une illusion.

Si nos systèmes de commande sont dans notre tête, rien ne s'y enregistre, rien ne s'y décide sans un effet d'écho au niveau du ventre. Nos émotions, nos joies, nos angoisses, notre état de stress permanent, nos sensations de bonheur ou notre mal de vivre, pénètrent à parts égales dans le cerveau et dans le ventre. Inutile d'essayer de maigrir à l'aide de régimes alimentaires, d'exercices physiques, si dans le même temps, vous ne partez pas à la conquête d'un bon (ou d'un meilleur) équilibre psychologique. Tout régime est voué à l'échec, c'est-à-dire à une reprise plus ou moins rapide des kilos envolés, s'il ne s'accompagne pas d'un retour positif, bénéfique, sur soi-même.

En d'autres termes, aucun régime n'aura d'effet durable s'il ne repose pas, aussi, sur une amélioration de l'équilibre mental.

En améliorant conjointement votre plaisir de vivre et les fonctions de votre ventre, je puis vous garantir que vous perdrez les kilos que vous souhaitez perdre, et que vous ne les reprendrez jamais. C'est la leçon de mon expérience de thérapeute : nul ne vous fera maigrir, durablement et sans danger, sans prendre en compte votre tête et votre ventre, c'est-à-dire votre personnalité dans son ensemble.

À l'aube du troisième millénaire, il m'apparaît clairement que l'on s'oriente de plus en plus vers une approche globale de l'individu face à ses problèmes. C'est pourquoi, pour moi, maigrir c'est chasser toutes les idées fausses et retrouver un équilibre du corps et de l'esprit, sur des bases naturelles.

*****

C'est à partir de cette constatation que j'ai élaboré ma méthode naturelle pour maigrir et ne jamais regrossir.

Elle commence par des exercices simples de respiration. Quels que soient les problèmes que vous affrontez – même étrangers à la prise de poids – en respirant mieux, plus profondément, selon une fréquence que je vous indiquerai, votre esprit s'apaisera et se libérera, vous retrouverez le calme qui vous manque. La respiration, où les Orientaux voient le souffle vital et la projection de l'âme, libère les tensions négatives quand elle est pensée et contrôlée. Les exercices que je propose sont naturels, faciles à accomplir, ils s'intègrent à la vie quotidienne. Vous constaterez très vite leurs effets bénéfiques. Sur l'esprit. Et sur le ventre.

On ne maigrit pas sans le calme de l'esprit, et sans un ventre en bonne santé. Inversement, avec un bon équilibre mental, et un ventre en bonne santé, non seulement on maigrit facilement, sans régime, mais on peut manger et boire à son goût – modérément cela va sans dire – en restant à l'abri de la reprise de poids.

Restons un instant sur le ventre.

Un ventre en bonne santé, c'est un équilibre retrouvé, et maintenu, entre l'assimilation, la transformation et l'élimination des aliments et des boissons.

C'est l'absence totale de ballonnements, spasmes, colopathies, gastrites, aigreurs, ulcères, aérophagie, constipation.

Ces troubles sont incroyablement répandus, même si très souvent, ils ne sont pas ressentis, pas douloureux, et se limitent à de l'inconfort, de la fatigue, une perte d'énergie. Ils sont rarement traités sérieusement. Et pourtant ces troubles sont une des causes principales des kilos superflus.

J'en ai aujourd'hui la certitude. Sur chaque patient victime d'une prise de poids plus ou moins rapide, plus ou moins importante, j'ai immanquablement découvert à la palpation un ventre en mauvaise santé, plus ou moins gonflé, spasmé, douloureux. Je lisais sur leur ventre à livre ouvert, associant chaque douleur localisée au trouble fonctionnel d'une glande ou d'un organe (foie, vésicule, pancréas, colon...).

Curieusement, la plupart des patients que j'interrogeais n'avaient jamais fait la relation entre l'arrivée de kilos superflus, pour laquelle ils me consultaient, et les troubles de leur ventre. Comme si quelque chose de mystérieux les empêchait de relier ces dysfonctionnements neurovégétatifs à la prise de poids qui les angoissait. Il est vrai que le trouble du ventre, le plus souvent, s'installe doucement, insidieusement : on n'y prend pas garde. C'est là que réside le vrai danger. On s'y habitue, on vit mal, on prend du poids et on se rue sur les régimes, on est toujours irritable et fatigué !

C'est évidemment une grave erreur, car dans la quasi-totalité des cas, il s'agit d'un trouble bénin qui guérit en général très rapidement.

Dans 95% des cas que j'ai traités, la prise de poids avait pour origine un dysfonctionnement du ventre. Et ce trouble était lié à une anxiété, un stress répété, une hyper-sensibilité, une timidité excessive, un étouffement de la personnalité, une émotivité, une angoisse - un mal de vivre. Ce lien étroit, que j'ai eu beaucoup de difficultés à faire admettre, entre le facteur émotionnel et les troubles fonctionnels comme les maux de dos ou la prise de poids, est aujourd'hui reconnu par les médecins sérieux et honnêtes.

*****

Dans cette perspective, la méthode que je propose repose sur trois actes simples, à votre portée, sans aucun médicament, substitut de repas, pilule ou gélule-miracle. C'est une méthode 100% naturelle.

1) Libérez votre tête

Si vous prenez du poids, c'est que les soucis s'accumulent et que vous redoutez de ne pouvoir y faire face, bref que vous affrontez un ou des problèmes plus ou moins graves. Ma méthode a pour but de vous donner les moyens de vaincre vos angoisses, votre mal de vivre, vos difficultés, grâce à quelques exercices de respiration, faciles et agréables, et à une technique accessible à tous de relaxation.

2) Guérissez votre ventre

Vos mauvaises habitudes alimentaires provoquent de mauvaises fonctions d'assimilation-élimination. Vous mangez mal, trop vite ou trop. Vous buvez trop. Vous sautez des repas. Vous enchaînez les régimes. Ces comportements créent immédiatement des troubles du ventre. Je vous apporte les moyens de les supprimer.

3) Retrouvez les rythmes naturels

Vous dormez mal, ou pas assez. Vous ne savez pas vous détendre entre vos phases de travail. Vous mangez à des heures irrégulières. Vous n'avez pas d'activité physique, ou vous forcez trop. Vous programmez mal week-ends et vacances.

En vous débarrassant définitivement des kilos superflus, ma méthode va améliorer votre santé, fortifier votre cœur, abaisser votre taux de sucre et de cholestérol dans le sang et rendre votre corps plus souple et plus tonique, vous vous sentirez plus jeune, plus sûr(e) de vous, plus séduisant(e). Libéré(e) de toute une série d'idées fausses, vous allez retrouver le goût de la vie naturelle, avec ses vrais plaisirs.

Première partie

LIBÉREZ VOTRE TÊTE

Dans notre société de frénésie, il est devenu très difficile de « libérer sa tête », de se détendre. On court après le temps, on s'organise mal, on se crée obligations et contraintes, on broie du noir, des détails insignifiants deviennent des problèmes insurmontables. On se « prend la tête », comme on dit aujourd'hui.

Ma méthode de respiration va vous donner la possibilité de retrouver le calme intérieur, la tranquillité de l'esprit, la sérénité, une vraie détente favorable à la perte des kilos superflus. Elle a l'avantage de ne perturber en rien votre vie personnelle ou professionnelle. Elle va vous rendre un certain art de vivre, vous arrachant à la monotonie, en pensant plus à vous, en devenant un peu égoïste. Elle vous apprendra à donner du prix aux petites choses de la vie, une caresse, un câlin, un spectacle, une séance de bricolage, de jardinage, de lecture, une promenade, un regard, etc. Vous ne vous laisserez plus influencer, brider, étouffer, manipuler ! Retrouvez votre véritable personnalité avec vos désirs, vos ambitions, vos rêves.

La respiration détente-bien-être

Commençons par le commencement. La respiration-détente va vous permettre de retrouver un bon équilibre nerveux, un meilleur fonctionnement de votre appareil digestif, un meilleur « rendement » de vos glandes endocrines et de votre système cardiovasculaire. Détendu, vous contrôlerez mieux vos émotions, vous répondrez de façon plus efficace aux stress inévitables de la vie quotidienne. Fatigue, déprime, irritabilité, accès de timidité, d'angoisse, tension vont s'éloigner. Vous vous sentirez mieux dans votre peau.

Et très vite, en moins d'une semaine, vous allez perdre les premiers kilos.

Cette détente primordiale, indispensable, c'est la respiration.

À condition de respirer suivant mes conseils, pendant quelques secondes, une dizaine de fois par jour, vous allez très rapidement vous rapprocher de cet état de détente qui est le point de départ et la base de ma méthode. Très vite, presque immédiatement, vous ressentirez les effets de ces exercices respiratoires faciles. Et vous en serez étonné.

Avant que je vous les décrive, je vais vous expliquer comment j'ai découvert leur importance et leur efficacité.

Chacun sait que la respiration permet d'oxygéner les cellules, facilite la circulation du sang et la combustion des acides. On ne peut vivre sans respirer.

Tout le monde respire. Personne ou presque ne sait respirer. On se contente de faire pénétrer l'air dans les poumons par un réflexe de survie. On respire parce qu'on ne peut pas faire autrement, pour échapper à l'étouffement, à l'asphyxie, et pour rejeter des toxines. Une émotion, un stress, une douleur accroissent le rythme respiratoire. Le sommeil le ralentit. Je note au passage que la respiration automatique diffère suivant le sexe. Chez la femme, elle est plutôt costale et thoracique; plutôt diaphragmatique et abdominale chez l'homme. Face au stress, à la peur, sous le choc d'une émotion, hommes et femmes redeviennent égaux, ils respirent alors plus vite, avec la partie supérieure des poumons.

La respiration, à laquelle nous ne pensons que lorsque nous sommes malades, ou hors d'haleine après un effort violent, rythme notre vie. Depuis que vous lisez ce petit paragraphe, vous avez – sans y penser – inspiré et expiré plusieurs fois.

Une inspiration prend, en général, un peu plus d'une seconde ; une expiration aussi. Vous inspirez-expirez environ vingt fois par minute, c'est-à-dire 1 200 fois par heure, 15 000 fois environ par vingt-quatre heures en tenant compte du rythme ralenti du sommeil. (Cela fait 450 000 fois par mois, et en gros 50 millions de fois en une année.) Je pense qu'il y a vingt ou trente ans ces chiffres étaient inférieurs. Les stress de la vie moderne, la multiplication des émotions, la sédentarité, les insomnies ou un sommeil perturbé sont responsables de l'accélération du rythme respiratoire.

Respirant de plus en plus vite, on respire de plus en plus mal. Voilà où je veux en venir. Vous ne faites appel qu'à une petite partie du potentiel de vos poumons et de vos bronches. En respirant trop précipitamment, trop nerveusement, vous n'approvisionnez pas assez vos alvéoles pulmonaires. Votre sang veineux, mal oxygéné, repart chargé de toxines, qui se fixent dans le tissu conjonctif. Par cette respiration imparfaite, précipitée, insuffisante, vous ouvrez la porte à différentes maladies, à la fatigue cardiaque, aux malaises, aux déviations vertébrales, aux troubles intestinaux, glandulaires et hormonaux, à des troubles nerveux.

Et à la prise de poids.

Réfléchissons un instant. D'abord à l'inspiration. L'oxygène distribué dans les organes, les glandes, les artères, les cellules dans leur ensemble, produit une vasodilatation. La cage thoracique s'ouvre, libère le diaphragme (voir page 30) et stimule les plexus et les zones sensibles du ventre (voir page 160). Si on prolonge l'inspiration au-delà d'une seconde et demie, que se passe-t-il ? D'abord, l'inspiration, qui était un acte automatique, devient un acte conscient. On se sent respirer. Essayez. En « tenant » trois secondes, on éprouve une sensation de détente psychique. Pourquoi ? L'inspiration prolongée qui détend le système nerveux a poussé l'hypothalamus, glande endocrine située à la base du cerveau, à créer, par l'intermédiaire de l'hypophyse, une autre glande, des endorphines, qu'on appelle aussi hormones du bien-être. Quand dans mon cabinet je traite mes patients, la détente que je leur procure est la conséquence directe de la création d'endorphines, ces fameuses hormones qui entrent en jeu dans tous les moments agréables de la vie : quand on donne ou reçoit de l'amour ou de la tendresse, quand on se sent en harmonie avec soi-même et avec les autres, en rêvant, en pratiquant un sport, en se faisant plaisir à table, en respirant même, chaque fois qu'on effleure le bonheur, ces hormones sont activées.

C'est aussi simple. Une seconde et demie d'inspiration supplémentaire et des hormones inhabituelles de bien-être se répandent dans l'organisme. La médecine comprend encore assez mal ce phénomène. Mais on a réussi à isoler ces hormones et on travaille actuellement, aux États-Unis, à les synthétiser. Ce sera, sans doute, une « pilule de bonheur », un euphorisant de plus. Je suis foncièrement opposé à ce genre de médication. En revanche, je suis très attaché à la sensation d'euphorie que procurent ces hormones spontanées de la respiration profonde. Elles permettent de mieux résister aux agressions, aux stress; elles constituent un véritable tampon entre vous et le monde extérieur, apportant un véritable bien-être au niveau de la tête et du ventre.

L'inspiration prolongée et contrôlée a d'autres conséquences bénéfiques. Elle permet de débloquer les articulations vertébrales et costo-vertébrales.

Les nerfs, libérés, peuvent jouer pleinement leur rôle de transmetteurs, de telle sorte que sont améliorées les fonctions des systèmes vitaux, des organes et des glandes. On sait que chaque vertèbre correspond à un système, un organe ou une glande. Tout blocage vertébral a pour conséquence un trouble fonctionnel. L'inspiration profonde élimine les blocages vertébraux en libérant non seulement les articulations, mais aussi les muscles paravertébraux, véritables haubans de la colonne vertébrale. Par exemple, un blocage ou une compression de la sixième vertèbre dorsale sur la septième entraîne un dysfonctionnement important du pancréas et du duodénum, pouvant aboutir à des gastrites ou à des ulcères.

L'expiration prolongée a, elle aussi, des conséquences spectaculaires. Je suis arrivé à la conclusion que son importance était primordiale. Le rejet, par le nez ou la bouche, de l'air chargé de toxines n'est-il pas à la base de toutes les disciplines orientales, comme le yoga, les arts martiaux ?

L'expiration entraîne, à l'opposé de l'inspiration, une vaso-constriction des organes, des muscles, des glandes. En prolongeant la durée de l'expiration automatique jusqu'à cinq à sept secondes, on obtient donc un véritable décrassage de l'organisme jusqu'au niveau du tissu conjonctif, où sont stockés les amas graisseux. On se débarrasse des excédents de sucre ou de mauvais cholestérol retenus dans le sang. L'organisme aura alors tendance à puiser dans le trop-plein graisseux ce qui a pour effet de faire fondre ces fameuses réserves graisseuses. Chaque expiration prolongée joue donc sa partition dans le concert de l'amaigrissement.

Vous observerez aussi que chaque expiration prolongée constitue un véritable massage du ventre en profondeur.

En de nombreuses années de pratique je n'ai cessé, je le répète, d'être frappé par le rôle du ventre dans les troubles fonctionnels. Quels que soient les maux dont se plaignent mes patients, je l'ai dit, je commence toujours par palper leur ventre (ce que ne font jamais, à mon grand étonnement, nutritionnistes et diététiciens avant de prescrire un de leurs régimes). Cette palpation me permet, presque toujours – pour ne pas dire toujours – de découvrir un dysfonctionnement neurovégétatif. Le plus souvent, il m'est possible de le maîtriser par des traitements manuels. Conséquence immédiate, je vois presque toujours disparaître, du même coup, des troubles psychiques comme la sensation erronée de faim, la fatigue, la déprime, la timidité. Il ne faut pas oublier que le ventre nourrit toutes les cellules, y compris celles du cerveau. (J'appelle le ventre le « deuxième cerveau ».)

Un cerveau bien alimenté et bien oxygéné a de meilleures capacités de réaction aux stress, aux émotions, à l'angoisse, et possède la faculté de renforcer la volonté de maigrir.

Pour moi, un ventre en bonne santé est la condition d'un cerveau en bon état de marche. Depuis des années, je suis étonné, en soignant des patients souffrant de mélancolie, d'état dépressif, etc. de constater qu'on ne s'était jamais intéressé à leur ventre. Au contraire, celui-ci était constamment perturbé, mis en dysfonction par les innombrables médicaments et drogues destinés au cerveau.

Ma respiration-détente fortifie donc tous les systèmes, en particulier les systèmes cardio-vasculaire et neuromusculaire, les glandes et organes (foie, pancréas, rate, reins, poumons, etc.). Dans certains cas, la respiration-détente peut appuyer ou même remplacer une psychothérapie. Ce que font depuis longtemps les yogis ou les sportifs de haut niveau.

Résumons-nous. Par la maîtrise de la respiration, en la modifiant à peine à l'aide de quelques exercices simples mais réguliers, vous allez renforcer votre système nerveux, accroître votre résistance aux stress, aux contrariétés, apprendre à contrôler vos émotions et à armer votre corps et votre esprit en les harmonisant. Votre hypothalamus, votre hypophyse, vos glandes en général, votre système immunitaire, mieux oxygénés et mieux nourris, vont accomplir leur travail avec plus de facilité. Vous serez mieux protégé(e) et plus fortement équipé(e) pour affronter les agressions. Digestion, assimilation, élimination des aliments seront améliorées car elles dépendent directement du système neurovégétatif. Le corps et l'esprit tireront un meilleur profit des propriétés nutritives (vitamines, sels minéraux, oligo-éléments) des aliments.

Mais ce n'est pas tout.

Le surcroît d'oxygène que vous allez absorber et qui va se répandre dans votre corps facilitera la circulation des énergies nerveuses issues de la moelle épinière. Il aura des effets très favorables sur les plexus, ces récepteurs-transmetteurs répartis depuis la gorge jusqu'au plexus solaire et au ventre, sur les méridiens, mis en relief par la médecine chinoise. On connaît aujourd'hui le plexus de l'anxiété, le plexus relié au cœur, aux poumons, etc. Les plexus vont fonctionner à plein rendement, et jouer pleinement leur rôle d'équilibrage, générateur de la détente physique et psychique. Dans la deuxième partie, « Guérissez votre ventre », je vous donne les moyens de les localiser vous-même afin de les traiter manuellement.

La respiration-détente-bien-être pratiquée régulièrement est la garantie d'un mental libéré, optimiste, condition principale à une perte de poids.

COMMENT BIEN RESPIRER

Avant toute chose, il faut savoir que ma méthode s'adapte à toutes les circonstances de la vie quotidienne.

On peut respirer debout, assis, allongé, en marchant, en conduisant sa voiture, dans un lieu public, au bureau, à l'usine, sans que nul, autour de vous, s'en aperçoive, et à n'importe quel moment, entre deux conversations, après ou avant un effort, au début, pendant ou à la fin d'un repas...

Très important : n'ayez pas peur du regard des autres, de leur jugement, chassez la timidité, ne vous cachez pas pour appliquer ma méthode de respiration-détente. Au contraire, n'hésitez pas à donner l'exemple. Ma méthode de respiration n'a rien à voir avec un exercice ordinaire de gymnastique respiratoire. C'est une pratique plus spirituelle, plus proche de la prière que du mouvement programmé. Par une attention particulière, rendez votre esprit disponible. Imaginez-vous dans un décor et un environnement agréables, remplissez vos pensées de sentiments positifs. Détendez votre corps et, si vous le pouvez, fermez les yeux. Relâchez vos épaules, tenez votre dos droit et si vous êtes assis, ne croisez pas les jambes.

L'inspiration

L'inspiration est la source d'une profonde détente où vont naître de nouvelles énergies.

Inspirez très doucement, de façon continue, par le nez sans pincer les narines, sans faire la grimace, sans bruit nasal ; comptez jusqu'à cinq (cinq secondes).

Ne faites pas de mouvement brusque de la tête vers l'arrière, ni de contraction de la nuque ; ne remontez pas les épaules.

Gonflez d'abord le ventre en le poussant vers l'avant, puis laissez s'ouvrir votre cage thoracique au maximum de façon à laisser le diaphragme se déployer et effectuer son mouvement complet.

À cinq secondes, au sommet de l'inspiration, tournez la tête de gauche à droite. Votre nuque doit rester souple. Ne la bloquez pas, ne contractez pas les muscles des épaules.

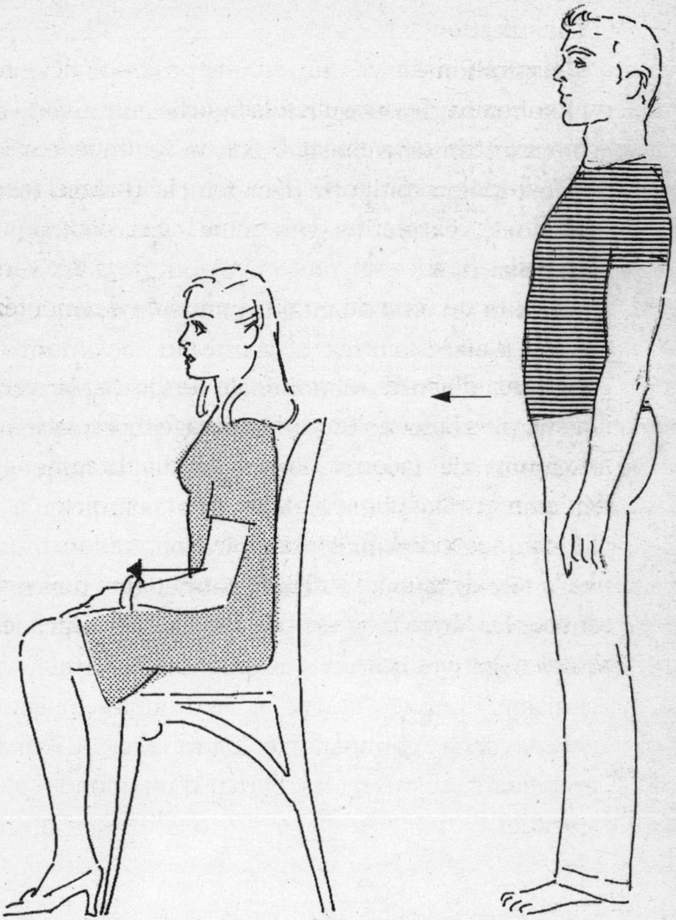

Le palier

Retenez votre souffle pendant une à deux secondes en apnée. Tout votre corps rempli d'oxygène éprouve une sensation de détente et de bien-être.

L'expiration

Expirez par le nez ou par la bouche entrouverte en comptant lentement jusqu'à 5, 6 ou 7.

L'expiration comporte deux temps : d'abord (trois secondes), expiration très lente sans contraction musculaire.

Ensuite, en continuant à expirer sans marquer de temps d'arrêt, rentrez le ventre au maximum en repoussant la masse abdominale vers le diaphragme, qui va se soulever. Si vous le pouvez, arrondissez légèrement le dos en laissant tomber la nuque, le menton sur la poitrine. Vous irez ainsi jusqu'à la limite de vos possibilités d'expiration.

Cette expiration profonde permet de chasser le stress, les angoisses, les culpabilités et toutes les idées négatives qui vous assaillent. Elle fortifie l'organisme, élimine l'acidité et les troubles fonctionnels, favorise l'élimination et le processus de l'amaigrissement et ouvre les portes d'un monde plus spirituel.

Cet enchaînement, inspiration-expiration, vous allez le pratiquer dix à douze fois par jour, c'est-à-dire toutes les heures dans n'importe quelle situation. Cinq inspirations de cinq secondes, cinq expirations de cinq à sept secondes avec un palier intermédiaire de deux secondes environ. Une fois par heure.

Il est possible et même probable que les premiers jours vous éprouviez des difficultés à tenir ce rythme. Surtout si vous n'avez pas l'habitude d'exercer votre capacité respiratoire (si vous êtes sportif, cela vous sera plus facile).

Vous devez savoir que ma méthode de respiration équivaut, suivant le poids, l'âge et le degré de fatigue, à huit à douze kilomètres de marche à pied, à une heure ou une heure et demie de bicyclette, à vingt minutes de natation par jour. C'est dire son efficacité.

Ma méthode va renforcer votre système cardiovasculaire, musculaire, articulaire – sans les retombées négatives du sport pratiqué dans de mauvaises conditions : fatigue dangereuse pour le cœur, crampes, courbatures, douleurs articulaires, etc.

Ma méthode vous offre tous les bienfaits du sport, sans aucun risque – et sans excuses pour vous dérober – et elle vous prépare à la pratique des sports qui vous feront plaisir : marche, natation, ski, vélo, golf...

Il m'est arrivé d'observer chez certains de mes patients des réactions assez fortes les premiers jours. Exactement comme s'ils avaient, sans préparation, entrepris une randonnée en montagne. C'est le signe d'une fatigue profonde, et sans doute très ancienne, de l'organisme, et la preuve que celui-ci réagit fortement et positivement. Dans ce cas, il est important de raccourcir au début les séquences respiratoires suivant ses possibilités : trois ou quatre secondes d'inspiration (au lieu de cinq) ; palier de une seconde (au lieu de deux) ; quatre à cinq secondes d'expiration (au lieu de sept).

Après quelques jours d'adaptation, vous rejoindrez le rythme de base.

Certains de mes patients, très anxieux et déprimés, ont ressenti au début une fatigue supplémentaire et, plus rarement, des maux de tête, des aigreurs digestives, des fourmillements dans les mains et les pieds (preuve que les extrémités étaient mal irriguées et oxygénées). Ces réactions sont une preuve de plus de l'efficacité de ma méthode.

La majorité d'entre vous, dès les premiers jours, éprouve une sensation de légèreté.

Au cours de la journée, vous n'avez plus de sensation de faim, vous ne vous sentez plus obligé(e) de grignoter quelque chose, n'importe quoi, à toute vitesse. Fringale et boulimie ont disparu, ou ne vont pas tarder à disparaître.

Votre sommeil est plus calme. Vous vous réveillez plus détendu(e) ; la fameuse angoisse du réveil, bien connue des psychiatres, diminue et disparaît comme la tendance à la mélancolie, à la déprime.

Vous avez, en quelques jours, en « dégonflant », et en perdant un ou deux kilos, retrouvé un surcroît d'énergie et d'optimisme.

Vous êtes sur la bonne voie, celle de la détente. Le processus de l'amaigrissement durable est déclenché.

LE DIAPHRAGME STIMULE L'AMAIGRISSEMENT

Le véritable régulateur de notre respiration est un muscle très puissant situé entre le thorax et l'abdomen, sous le cœur et au-dessus des organes digestifs : le diaphragme.

Le diaphragme est perpétuellement en action : il s'abaisse lors de l'inspiration et remonte à l'expiration. De son bon fonctionnement dépendent la qualité et la profondeur de l'inspiration-expiration. Il exerce un massage naturel sur les organes de l'abdomen, stimule le foie, le pancréas, la rate, les intestins, favorisant de la sorte les fonctions d'assimilation et d'élimination. Par ses mouvements réguliers et constants, le diaphragme agit aussi sur les fonctions circulatoires et sur le système neuromusculaire : tous les plexus, dont le plexus solaire, bénéficient de son action, facteur de détente.

Ce rôle du diaphragme peut être perturbé en une fraction de seconde par une émotion violente (on a le souffle coupé) ou par un état de stress, de nervosité, d'angoisse, de timidité. De même, une mauvaise digestion, un malaise intestinal, etc., peuvent bloquer ou raccourcir le mouvement du diaphragme.

Ma méthode de respiration pratiquée avec régularité garantit un excellent fonctionnement du diaphragme.

MAIGRIR QUAND ON N'A PLUS D'ESPOIR

Brigitte, 56 ans, + 18 kg
Divorcée

Brigitte n'arrivait pas à s'arracher à l'image d'elle-même du temps de sa splendeur, quand elle posait pour les magazines et était recherchée pour son charme et sa séduction.

Deux fois divorcée, elle avait fini par s'enfoncer dans l'inactivité, la dépression, la boisson et les médicaments de toutes sortes. Elle avait pris 18 kilos malgré de nombreux régimes et plusieurs consultations auprès de nutritionnistes à la mode.

Quand elle vint me voir, elle me dit : « Mon cas est désespéré, n'est-ce pas ? »

« Non, lui dis-je, aucun cas n'est désespéré. Je vais vous remettre dans un premier temps sur les chemins du bien-être par la détente afin que vous preniez un peu de recul pour cibler vos problèmes. Pendant une semaine, vous pratiquerez ma méthode de respiration-détente toutes les heures sans changer vos habitudes alimentaires. Simplement, vous mangerez plus lentement. »

Elle s'étonna de ne recevoir aucun conseil diététique. « C'est tout ? » me dit-elle d'un air déçu.

« Vous avez suivi tant de régimes, vu tant de spécialistes, absorbé tant de coupe-faim et de médicaments, mais jamais vous n'avez songé aux bases de votre amaigrissement. C'est par là que nous allons commencer. »

À notre deuxième rendez-vous, Brigitte se déclara enchantée. « Non seulement je me sens dégonflée, mais j'ai perdu 2 kilos sans rien changer à mes habitudes alimentaires. »

Ce résultat n'est pas dû uniquement à mon traitement manuel. C'est la méthode qui a marché : passer à table décontracté, détendre son système nerveux central par les 5 inspirations et 5 expirations exécutées toutes les heures.

« Pour aller plus loin, lui dis-je, vous allez changer quelques habitudes alimentaires.

– Encore un régime ?

– Pas du tout. Vous allez limiter votre consommation de thé et de café à une tasse par jour pour calmer votre émotivité et votre anxiété et réduire votre taux d'acidité. Tout en continuant, bien entendu, ma respiration-détente. Et n'oubliez pas de manger lentement. »

À la troisième entrevue, la semaine suivante, elle avait perdu un troisième kilo, mais ne cacha pas sa déception.

Comme toutes les femmes, Brigitte trouvait qu'en quinze jours, les résultats n'étaient pas suffisants. Moi, au contraire, je me déclarais satisfait en constatant qu'elle réagissait très bien à ma méthode, que son sommeil s'améliorait et qu'elle était moins fatiguée le matin au réveil et dans la journée. Focalisée sur la perte de poids, comme la plupart de mes patientes, Brigitte ne se rendait même pas compte des retombées positives pour sa santé.

Comme toutes les femmes, trop pressée de maigrir, elle ne voyait pas que l'amaigrissement passe avant tout par le rétablissement de sa santé.

« Les 3 kilos que vous avez perdus, Madame, correspondent à une première phase, que j'appelle phase de décrassage ou d'adaptation à l'amaigrissement. La deuxième phase que nous allons commencer va demander quelques efforts. Non seulement vous allez continuer ma respiration-détente toutes les heures et manger lentement, mais vous allez bouger. Non pas pratiquer une gymnastique à outrance, mais simplement marcher, nager, à votre choix, faire du vélo sans forcer, à votre rythme et avec plaisir. »

À la quatrième séance, Brigitte m'annonça fièrement : « J'ai perdu encore 2 kilos en marchant 1 heure, 1 heure 15 par jour, d'un pas rapide, suivant vos conseils. »

À la palpation, le ventre de Brigitte était dégonflé, ne présentait plus de spasme et je ne fus pas étonné d'apprendre qu'elle ne souffrait plus de constipation.

À l'issue de cette quatrième séance, je lui dis : « Vous avez tout compris. Avec ma méthode, vous êtes maintenant capable de vous prendre en charge vous-même. »

Quatre mois plus tard, Brigitte m'envoya une longue lettre : elle était revenue à son poids idéal. Elle suivait chaque jour mes conseils, avait retrouvé joie de vivre et confiance en elle. Elle s'était débarrassée, enfin, de toutes les pilules ou gélules que, par scepticisme, elle avait gardées en réserve.

Pour moi, Brigitte représente un cas très répandu. Elle a compris ma méthode naturelle. Elle n'a jamais repris de poids. Chacun ou chacune peut arriver au même résultat sans aide extérieure.

LE CORPS FACE AU STRESS ET AUX ÉMOTIONS

Dans le cerveau, l'hypothalamus entre en action, agit sur l'hypophyse qui stimule les surrénales, accélérant ou ralentissant les diverses activités du corps.

Le stress rend vulnérable et ouvre la voie aux kilos superflus.

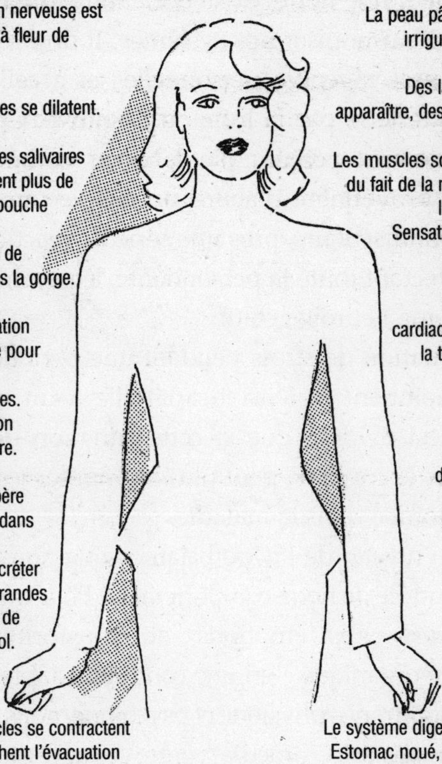

La tension nerveuse est intense « à fleur de peau ».

Les pupilles se dilatent.

Les glandes salivaires ne sécrètent plus de salive, la bouche est sèche. Sensation de boule dans la gorge.

La respiration s'accélère pour oxygéner les muscles. Oppression respiratoire.

Le foie libère du sucre dans le sang. Il peut sécréter de plus grandes quantités de cholestérol.

Les muscles se contractent et empêchent l'évacuation des selles et des urines, ou au contraire l'accélèrent.

La peau pâlit, moins bien irriguée par le sang, ou bien rougit. Des larmes peuvent apparaître, des rires nerveux.

Les muscles sont douloureux du fait de la mobilisation de l'acide lactique. Sensation de tension, tremblements.

Le rythme cardiaque s'accélère, la tension s'élève.

Les glandes surrénales sécrètent des hormones : l'adrénaline, le cortisol, etc.

Les reins fonctionnent au ralenti, moins bien irrigués.

Le système digestif est affecté. Estomac noué, côlon irritable, contracture abdominale. La digestion ralentit.

La transpiration augmente pour rafraîchir le corps.

MA MÉTHODE DE RESPIRATION CONTRE LE STRESS

La respiration-détente-bien-être peut aussi devenir une arme efficace si vous avez à faire face à un stress imprévu quel qu'il soit : mauvaise nouvelle, contrariété, déception, bouffée d'angoisse.

Pendant toute notre existence, notre organisme s'efforce d'harmoniser nos systèmes. Il doit réagir à la fois à ses exigences personnelles et à celles du monde extérieur, par la lutte ou l'esquive. Ces exigences, souvent perçues par le corps comme des menaces, provoquent d'abord un réflexe : une tension neuromusculaire, puis une série de réactions en chaîne affectant toute la personnalité, le psychisme... et le système neurovégétatif.

Une situation de stress pendant une période prolongée maintient la tension artérielle à un niveau élevé. Il est évident que si cette situation devient chronique, le corps ne peut plus surmonter les difficultés et tombe dans la maladie.

C'est au niveau de l'hypothalamus que nous assurons le contrôle de notre comportement. Pour canaliser notre stress, nos émotions, et transformer un « désordre organique » en une conduite adaptée, évitant une souffrance physique et psychique, nous allons dresser un obstacle immédiat contre ces agressions.

En mettant en pratique mes conseils d'inspiration-expiration profonde, vous bénéficiez dans une circonstance difficile, pénible ou douloureuse, d'une forme d'autodéfense naturelle.

C'est un moyen simple, pratique et concret pour empêcher le stress d'affecter les systèmes hormonal, neurovégétatif, cardio-vasculaire, neuromusculaire...

Un stress ou une émotion forte provoque sur le champ une décharge excessive et mal canalisée d'adrénaline génératrice de troubles fonctionnels (voir page 35). Ma méthode de respiration détente-bien-être agit immédiatement comme un filtre, un écran protecteur contre les méfaits de l'excès d'adrénaline : malgré les stress répétés et inévitables de la vie quotidienne, vous ne grossirez pas.

Vous n'avez plus besoin de rechercher la solution à vos problèmes dans les médicaments euphorisants, (neuroleptiques, stimulants, supervitamines, etc.), dans les excitants (thé, alcool, tabac), voire dans la drogue.

Sur le chemin de l'amaigrissement, vous vous sentez porté par un souffle de liberté.

MAIGRIR EN COMBATTANT LE STRESS

Albert, 37 ans, + 6 kg

Marié, 2 enfants, cadre

Albert est un cadre dynamique accablé de responsabilités, souvent en voyage, toujours confronté à de nouveaux défis. Marié, père de deux enfants, il compte sur les week-ends et les vacances pour se remettre en forme et perdre l'embonpoint accumulé au cours des déjeuners d'affaires et des horaires de vie perturbés. Pour se débarrasser de ces 6 kilos de trop, il a fait le régime Montignac, sans succès. Ni le squash, entre deux rendez-vous, ni le jogging du dimanche n'ont résolu son problème.

Je commence par lui demander de diminuer sa consommation de café – qui s'élève à 7 ou 8 tasses par jour. Je supprime le fromage à la fin des repas, qu'il mangera, car il en est très friand, 3 fois par semaine au petit déjeuner. De 4 à 5 verres par repas, je ramène sa consommation de vin à 2 verres maximum. Il continuera le squash, à la condition d'abandonner sa voiture, de marcher une demi-heure matin et soir. Et de remplacer le jogging du dimanche par une marche rapide dépassant une heure. Au bureau, en voiture, en avion, au restaurant, il pratiquera ma respiration-détente et mes exercices de gymnastique détente.

En un mois, à sa grande satisfaction, Albert a perdu 4 kilos et, comme il continue à suivre mes conseils et ma méthode, je suis sûr qu'il perdra 2 autres kilos, et qu'il ne les reprendra jamais.

MA MÉTHODE DE RESPIRATION CONTRE LA TIMIDITÉ

Beaucoup de gens prennent du poids parce qu'ils sont timides : ils se replient sur eux-mêmes, ils redoutent toute activité de groupe, ils compensent leur malaise par le grignotage ou la boulimie. La timidité plonge ses racines dans la prime enfance – la surprotection, une éducation très stricte ou un assujettissement à un parent, à un frère, une sœur, dominateur. Ou dans une solitude enfantine, une absence de contact. Au fil des années, cette disposition s'ancre dans l'inconscient, et se traduit par une série de renoncements, d'occasions ratées, et même de désastres sentimentaux. On peut aboutir à une véritable souffrance.

Ma respiration a pour effet de libérer des émotions refoulées et des tensions profondes, des blocages, et de se donner les moyens d'affronter le regard des autres, de s'accepter avec ses défauts – un poids excessif par exemple – et d'engager le combat.

Des kilos superflus, très souvent, accroissent le malaise, le sentiment douloureux d'attirer les regards – en un mot la timidité.

Ma respiration-détente est un atout primordial pour éliminer ces facteurs de malaise.

Alors l'ex-timide dispose de plus d'atouts qu'un autre pour atteindre son objectif, car il bénéficie d'une hypersensibilité qui va l'aider, il a su observer, écouter. Les obstacles qu'il a affrontés lui ont donné la faculté de s'adapter plus facilement que d'autres à des situations nouvelles.

Ma respiration devient primordiale quand un timide affronte avec des réactions physiques (accélération des pulsations, rougeurs, transpiration) une situation nouvelle, source d'émotion, de panique, de détresse. Comme pour le stress, la respiration-détente apporte une aide efficace dont les effets sont ressentis dans tout l'organisme, jusqu'à la perte de poids.

Si vous faites partie des timides et si cette timidité est une des causes principales de votre prise de poids, sachez que vous êtes dans une très bonne position pour profiter pleinement de ma méthode, pour maigrir de façon naturelle, encore plus vite que les autres. Dans le même élan, vous verrez disparaître votre timidité.

MAIGRIR EN TRIOMPHANT DE SA TIMIDITÉ

Élodie, 15 ans, + 5 kg
Lycéenne

Il n'y a pas d'âge pour prendre du poids. À 15 ans, Élodie, lycéenne dans la banlieue parisienne, fille unique d'une famille de fonctionnaires, présentait une surcharge pondérale de 5 kilos.

Il ne m'a pas été difficile de comprendre son problème. Couvée par ses parents, renfermée sur elle-même, d'une timidité quasi maladive, elle compensait par une boulimie de sucre ses difficultés d'être.

Tous les soirs, avant de se coucher, elle mangeait une tablette de chocolat au lait. Le matin, au réveil, elle était fatiguée, sans appétit. Elle sautait méthodiquement le petit déjeuner. Dans la journée, elle grignotait des biscuits, des barres caramélisées.

En quelques phrases, je lui fis comprendre qu'elle vivait une période charnière et que sa vie de femme se jouait maintenant, à l'adolescence. Si elle ne se prenait pas en charge, elle allait le payer cher toute sa vie.

Je lui recommandai, pour vaincre sa timidité et son émotivité, de pratiquer ma respiration-détente toutes les heures et à chaque circonstance stressante déclenchant sa timidité, afin de mieux affronter les regards, et de se dire que ceux qui la regardent ont peut-être plus de problèmes qu'elle.

Je lui imposai mon petit déjeuner « starter » à base de protéines afin d'enrayer son envie de sucre.

Je persuadai sa mère de cesser d'accompagner sa fille au lycée en voiture. Celle-ci devrait dorénavant faire le trajet aller-retour à pied, 3 kilomètres, ce n'est pas le bout du monde.

Dès la première semaine, son envie de sucre baissa et elle eut la satisfaction de perdre 2 kilos. Bien sûr, elle mit quelques jours à s'habituer à l'œuf à la coque, au fromage... et à l'unique tartine beurrée du matin.

Encouragée par les premiers résultats très positifs, Élodie continua à pratiquer ma méthode de respiration, à marcher pour aller aux cours. Elle avoua même à sa mère qu'elle prenait un réel plaisir au petit déjeuner, elle retrouvait l'appétit de sa prime enfance.

Avec une silhouette amincie, avec 5 kilos de moins, Élodie a retrouvé son équilibre, sa relation avec son entourage s'est améliorée, elle respecte de nouveau son corps.

MA MÉTHODE DE RESPIRATION AU TRAVAIL

Quel que soit votre type de travail, manuel, intellectuel, sédentaire ou itinérant, la fatigue apparaît environ toutes les heures, suivant un rythme biologique naturel. C'est pourquoi je recommande une pause-respiration d'une minute toutes les heures.

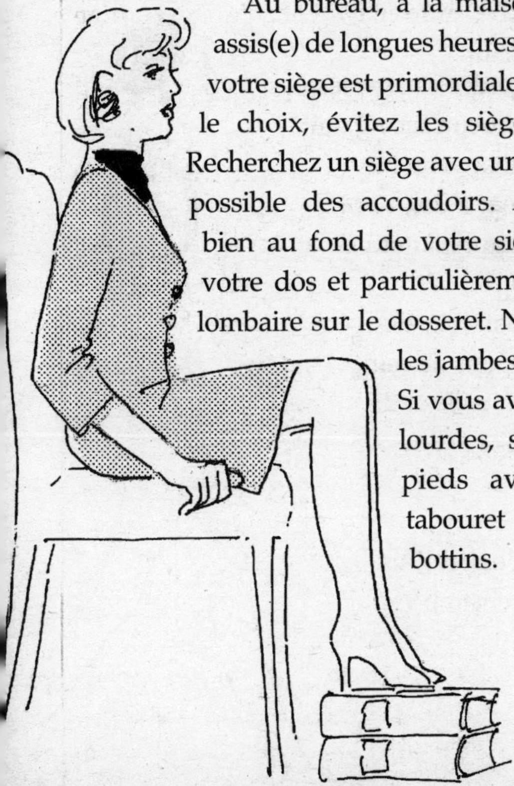

Au bureau, à la maison, vous êtes assis(e) de longues heures ; la qualité de votre siège est primordiale. Si vous avez le choix, évitez les sièges pivotants. Recherchez un siège avec un dosseret et si possible des accoudoirs. Asseyez-vous bien au fond de votre siège, appuyez votre dos et particulièrement la région lombaire sur le dosseret. Ne croisez pas les jambes.

Si vous avez les jambes lourdes, surélevez vos pieds avec un petit tabouret ou quelques bottins.

Toutes les heures, levez-vous, marchez en vous étirant et pratiquez ma méthode de respiration-détente et quelques exercices de la page 295.

MA MÉTHODE DE RESPIRATION EN MARCHANT

Multipliez les occasions de vous déplacer en marchant. Appliquez chaque fois ma méthode.

Marchez à grandes enjambées, les bras ballants, aucun sac ne doit entraver vos mouvements.

Choisissez le sac à dos ou la banane en ceinture autour de la taille.

Prévoyez, si possible, des vêtements amples, pas de ceinture serrée à la taille et de bonnes chaussures de marche.

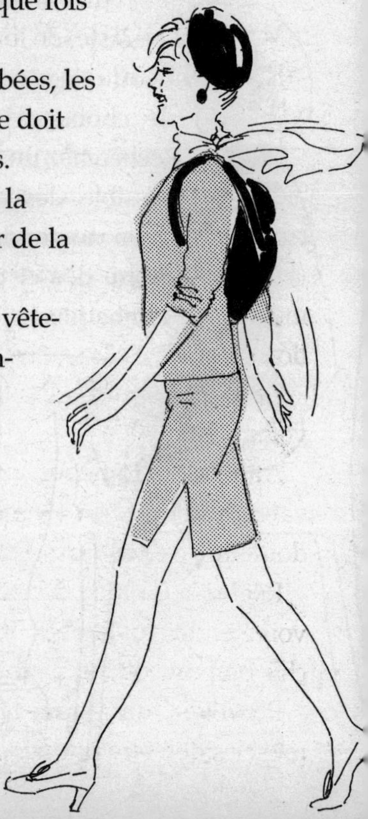

Inspirez sur 2 enjambées.

Expirez sur 3 enjambées.

Au début, entraînez-vous sur de petits parcours aérés (de 15 à 20 minutes). Pour atteindre une véritable détente psychologique, il faut dépasser une heure de marche par jour. Changez d'habitude, n'hésitez pas, pour aller au travail, à faire une partie (ou la totalité) du trajet à pied. Vous constaterez, à votre grande surprise, que de nombreuses destinations sont plus courtes qu'on ne le pense.

MA MÉTHODE DE RESPIRATION EN VOITURE

Ma respiration adaptée à la conduite dépasse le bien-être, procure la détente et assure, par la vigilance, la sécurité du conducteur et de ses passagers.

Après plusieurs heures, le corps se fatigue, les muscles se contractent et la qualité de la concentration diminue.

Dans la voiture adoptez une bonne position au volant.

Au fil des kilomètres, une gêne venant d'une mauvaise position, d'un vêtement trop serré, provoquera douleurs, contractures, crampes.

Réglez la position de votre siège de manière à pouvoir étendre vos jambes. Vos bras sont légèrement fléchis pour que le thorax soit assez éloigné du volant.

Prévoyez un appui-tête afin de détendre les muscles de votre nuque.

Chaque demi-heure, pratiquez ma respiration-détente adaptée au conducteur :

Inspirez doucement par le nez pendant cinq à six secondes; expirez doucement pendant cinq à six secondes; pendant cette expiration, serrez fortement le volant tout en appuyant le dos sur le siège et en rentrant votre ventre au maximum. Répétez cinq à six fois.

Cet exercice a pour but de vous détendre, de maintenir votre vigilance, de vous défatiguer, vous déstresser, mais aussi d'éliminer toute douleur au niveau de la nuque, des régions dorsale et lombaire. Il a aussi l'avantage de favoriser le phénomène de l'assimilation-élimination. Sans le savoir, on prend du poids au volant.

MA MÉTHODE DE RESPIRATION PENDANT LES TRAVAUX MÉNAGERS

Les travaux de la maison, corvée incontournable, constituent une charge pour les femmes, et de plus en plus souvent pour les hommes. On a tendance à accélérer au maximum le rythme auquel on les effectue car d'autres occupations attendent et on est enfermé dans des horaires exigeants.

Cette précipitation dans le travail crée un stress supplémentaire. On oublie de respirer profondément, le rythme cardiaque s'accélère, toutes les fonctions sont perturbées.

Je propose que ma respiration, lente et profonde, telle que je l'ai décrite, rythme la cadence du travail, permettant de mieux le planifier, afin de vous rendre finalement plus rapide, plus performant(e) et de moins en moins fatigué(e). Le travail domestique bien pratiqué, avec une bonne oxygénation, s'apparente à une pratique sportive mettant en action toutes les parties du corps. Au lieu de fatiguer, de faire grossir, il devient alors un moyen de perdre du poids (voir page 322 les exercices).

Peut-on libérer sa tête par le sport ?

Oui, sous certaines conditions.

✓ Le sport doit être pratiqué en douceur. Il entraîne alors la production par le cerveau de substances aux propriétés calmantes : les endorphines du bien-être.

✓ Il doit être pratiqué régulièrement, deux à trois fois par semaine, de préférence un sport d'endurance (marche, vélo, natation...) et ne doit jamais apparaître comme une contrainte ou une obligation.

L'effort décidé et consenti protège contre le stress et augmente les défenses immunitaires.

✓ Il doit être synonyme de loisir, donc de plaisir.

Ces trois conditions permettront de libérer votre tête du stress quotidien, de l'anxiété, de la timidité et d'évacuer d'une façon durable les tensions accumulées au fond de vous-même depuis votre enfance. Et, par voie de conséquence, vous retrouverez très rapidement un poids idéal.

En revanche, si vous forcez, si vous le pratiquez irrégulièrement, le sport se retourne contre vous. Dans ce cas, il augmentera vos tensions internes, et vous fera prendre du poids. (Voir page 285 les conseils de pratique sportive.)

Apprendre à se faire aider pour mieux se prendre en charge

Pour certains, un environnement favorable (parents, amis) est indispensable pendant un temps limité pour parvenir à cet état de détente mentale, de libération de la tête, que je recherche. Pour vous, parler de vos problèmes est déjà une source de mieux-être. De plus, le conjoint, l'ami, conscient de vos difficultés de vie, porte sur vos problèmes un regard différent, plus mesuré. Sa réponse est dédramatisante, plus juste et ouvre donc une ou plusieurs voies vers la solution. Plus vos problèmes sont lourds, ancrés en vous, plus l'aide est nécessaire. Vous pouvez faire appel à une thérapie de groupe, dialoguer avec des personnes qui ont les mêmes préoccupations que vous : maigrir.

Dans certains cas, n'hésitez pas à consulter un spécialiste, psychothérapeute manuel, diététicien ou médecin-nutritionniste, psychologue, sophrologue. Cela vous ménagera une transition et vous donnera le courage de vous reprendre en main. Car l'amaigrissement que vous recherchez ne peut provenir que d'une démarche personnelle, une remise en question profonde, un retour aux sources naturelles.

MAIGRIR EN RETROUVANT UNE ACTIVITÉ

Nicole, 65 ans, + 12 kg
Veuve, retraitée

Depuis son départ à la retraite, Nicole sortait de moins en moins de son appartement. Ses enfants, mariés, vivaient à l'autre bout de la France, ses amis se faisaient rares.

Ses journées s'écoulaient dans la monotonie et l'inactivité. Nicole se sentait inutile et déprimée.

En quelques années, elle avait pris 12 kilos.

Ma première préoccupation fut de lui rendre l'envie de redevenir active. Pas facile, après un certain âge quand les douleurs s'installent, le sommeil s'écourte, l'énergie diminue.

Nicole fit l'effort que je lui demandais. En priorité, elle trouva une activité bénévole dans une association de son quartier ce qui lui attira des amis différents.

Cette nouvelle façon de vivre, avec plus de contacts et un objectif, déclencha immédiatement le processus de l'amaigrissement.

Elle avait retrouvé un bon moral et l'envie de faire des projets.

Elle acheta une tenue et des chaussures de sport. Tous les jours, elle prit la décision de marcher au moins 30 minutes. Ce fut difficile au début, Nicole s'essoufflait rapidement, souffrait de courbatures. Elle eut des périodes de découragement, mais sut toujours se ressaisir.

Et finalement, cette petite discipline qu'elle s'imposa devint un véritable plaisir dont elle ne pourrait plus se passer aujourd'hui.

Sa silhouette se modifia et tous étaient unanimes pour trouver Nicole plus jeune, plus avenante.

Il lui a suffi de trois mois pour se prendre en charge, retrouver des rythmes naturels, gagner le goût de vivre et perdre définitivement ces 12 kilos superflus.

Deuxième partie

GUÉRISSEZ VOTRE VENTRE

Maintenant que vous savez comment libérer votre tête des contraintes et des pressions de la vie quotidienne, guérir votre ventre sera un jeu d'enfant – tant il est vrai que les troubles psychologiques entraînent des comportements alimentaires anarchiques (boulimie, grignotage, régimes, etc.), générateurs de dysfonctionnements neurovégétatifs (dérèglement des voies bilio-pancréatiques, colopathies, ballonnements, constipation) et de prise de poids systématique.

Je vais vous expliquer ce qu'il se passe dans votre corps quand vous mangez et pourquoi vous prenez du poids.

Nous sommes inégaux devant la prise de poids. La même nourriture, absorbée dans les mêmes quantités, fera grossir certains alors que d'autres ne prendront pas un gramme. C'est injuste, mais c'est comme ça. Et cela s'explique facilement. Chacun digère à sa façon. Les processus d'assimilation-élimination sont complexes, font appel à de nombreuses réactions chimiques, mettent en jeu des sucs, des enzymes, des pepsines, des hormones, etc., sécrétés par l'estomac, le foie, le pancréas, les intestins. Les biologistes n'ont pas encore éclairci tous les mystères de la chimie digestive, mais ils savent que chacun réagit à sa façon. C'est la cause de l'échec de la plupart des régimes. Et c'est pourquoi, presque toujours, on a tort d'accuser tel aliment ou telle habitude alimentaire.

Il y a pourtant une cause commune à toutes les prises de poids : la nervosité, l'anxiété, le stress, l'absence de détente.

Notre système digestif est une machine merveilleuse, plus complexe, plus sensible, plus perfectionnée que n'importe quel ordinateur. Il se met en action quand un aliment, solide ou liquide, pénètre dans la bouche (la digestion commence en vérité avant, car notre cerveau prépare la phase initiale en interprétant odeurs et couleurs, en éveillant des souvenirs générateurs de désir, d'appétit). La machine continue en transformant les aliments en substances utilisables par l'organisme. Ces apports sont indispensables à la vie.

Cette chimie, extraordinairement complexe, essentielle à notre survie, a un support très important : les acides. Ils jouent un rôle primordial dans la digestion. Ils proviennent de nos aliments et des liquides que nous absorbons. Mais aussi des glandes qui jouent un rôle capital dans les différentes phases de la digestion : le foie (avec sa bile), le pancréas (avec l'insuline), les glandes de l'estomac, de la paroi du tube digestif.

Essayons de comprendre mieux le rôle des acides dans la digestion.

À chaque stade du processus compliqué de la transformation des aliments, des enzymes différents interviennent. Pour jouer leur rôle, ces enzymes ont besoin d'un milieu au pH (rapport entre acides et alcalins) bien défini. Notons que les vitamines et les oligo-éléments que nous absorbons dans les aliments agissent comme catalyseurs ou activateurs de ces enzymes.

La digestion est une longue chaîne, où chaque étape dépend de la précédente et prépare la suivante. Tout dysfonctionnement psychologique ou physique fragilise la chaîne dans son ensemble et peut même l'interrompre. Il est donc important qu'à chaque étape les fameux enzymes trouvent le pH qui leur convient (faute de quoi, ils ne peuvent agir et ouvrent la porte aux troubles, crises, maladies – et à la prise de poids).

Revenons donc au pH, décor et condition de la bonne digestion. Il doit varier. Dans la bouche, il est alcalin avec la salive, premier suc digestif. Mais il peut déjà devenir acide – mauvais début – si nous mangeons tendus, stressés, dans un état de nervosité et si nous mangeons trop vite.

Au niveau de l'estomac, le pH devient normalement acide au contact des sucs digestifs, qui contiennent trois enzymes importants : la lipase, qui transforme les graisses, la pepsine, qui transforme les protéines, et la présure, qui fait la caséine à partir du lait. Les enzymes ont un allié dans leur travail difficile : l'acide chlorhydrique fabriqué par l'estomac.

L'étape suivante, que je considère comme la plus importante dans le processus de la digestion, est le passage des aliments de l'estomac dans le duodénum, escale obligatoire avant d'entrer dans le système intestinal. Ce passage s'effectue sous le contrôle du pylore.

Le pylore est la porte de sortie de l'estomac. C'est un muscle circulaire (ou sphincter). Il s'ouvre lorsque le bol alimentaire est bien broyé, bien traité dans l'estomac. Environ une heure et demie après l'ingestion, le pylore laisse passer, par petits paquets, le bol alimentaire, en surveillant son état chimique, sa quantité, sa consistance (plus liquide, il passe plus rapidement).

Le pylore est, en quelque sorte, à ce niveau, la douane de la digestion. Ce muscle incontournable, dont le rôle est capital, est un grand sensible. Il réagit immédiatement au stress, à la nervosité, à l'anxiété.

Il est aussi très sensible aux excitants comme le thé, le café, les boissons à base de cola, à l'alcool, au tabac, aux boissons gazeuses, trop chaudes ou glacées. C'est également un muscle influençable. Il lui arrive de s'ouvrir à contretemps et de laisser des aliments insuffisamment broyés, trop acides, pénétrer dans le duodénum, où ils peuvent faire des ravages.

Car, dans le duodénum, le bol alimentaire, le chyme, va subir une transformation profonde. Il va perdre son acidité, s'alcaliniser, grâce à la bile déversée goutte à goutte par la vésicule biliaire à travers le canal cholédoque, et aux sucs pancréatiques, issus du pancréas. Cette alcalinisation du chyme est essentielle. Si, pour une raison quelconque - mauvais fonctionnement du pylore, trop faible apport de bile, dysfonctionnement du pancréas ou, sur un autre plan, forte émotion, stress, crise d'anxiété, etc. -, le bol alimentaire arrive trop acide dans le duodénum, alors, c'est tout le processus qui se dérègle. On observe un ralentissement de la transformation, une stagnation anormale du chyme dans le duodénum, puis dans les intestins une fermentation intempestive. C'est ce que je constate si souvent à la palpation.

Ces troubles neurovégétatifs aux causes multiples vont être à l'origine de ballonnements, de colites, avec production de bactéries et de toxines. C'est la porte ouverte aux allergies, aux troubles fonctionnels et aux maladies. Et, dans tous les cas de figure, aux kilos superflus.

Nos alliés contre les acides : les alcalins

On les appelle aussi les bases. Dans la digestion, leur rôle est très important : ce sont les équilibrants des acides.

Ces substances alcalines proviennent de l'alimentation, et des sucs bilio-pancréatiques. Je vais vous demander de les surveiller particulièrement. Les alcalins sont indissociablement liés aux acides. De l'équilibre entre eux dépendent beaucoup de choses.

Par chance, nous avons les moyens de mesurer cet équilibre à l'intérieur de notre corps. Il est simple de connaître notre degré d'acidité et d'alcalinité. Il nous est donné par le fameux pH – le pH idéal se situant à 7 ou 7,4 (voir page 61).

Si vous êtes confronté(e) à un problème d'excès de poids, je suis prêt à parier que votre test indiquera un taux d'acidité excessif (pH de 6,5 ou même de 4). Cette hyperacidité, vous l'avez bien compris, est à la source des désagréments dont vous souffrez (peut-être sans en avoir conscience) et de votre prise de poids. Les toxines s'accumulent dans le système digestif, au niveau des muqueuses intestinales, qu'elles enflamment. Une fermentation, qui n'est en général pas douloureuse, s'est installée dans votre ventre. Vous n'êtes pas vraiment alarmé(e). Pourtant, vous êtes en danger de prise de poids.

Pour rétablir l'équilibre ébranlé par l'excès d'acide, votre organisme va puiser dans ses réserves de minéraux alcalins. Conséquence : non seulement votre système digestif est perturbé, mais aussi vos articulations, et vous êtes sous la menace ou déjà atteint de rhumatismes, d'arthrose, d'arthrite, de problèmes de dos. J'affirme, et mes amis médecins ne me contrediront pas, qu'un excès d'acidité est la cause majeure des rétractions musculaires qui brident et atrophient les articulations, donnant naissance aux rhumatismes. En rétablissant l'équilibre acides-alcalins, non seulement on retrouve la santé du ventre, on maigrit, mais aussi on stoppe l'inflammation des rhumatismes. À ce jour, le traitement des rhumatismes repose presque exclusivement sur les anti-inflammatoires, qui – paradoxe – augmentent encore le taux d'acidité ! C'est par la respiration-détente et l'équilibre du pH qu'on devrait les soigner. Je ne compte plus le nombre de mes patients qui ont vu leurs douleurs rhumatismales chroniques disparaître lorsqu'ils ont supprimé de leur alimentation les aliments acides. Mais ce n'est pas tout. L'excès d'acidité peut être tenu pour responsable d'une série de troubles et de malaises, comme la « spasmophilie », les crampes, le dessèchement de la peau. On peut lui attribuer des fatigues incompréhensibles, et, aboutissement de ces troubles, l'apparition d'un sentiment de découragement, voire de dépression.

Il y a peu de temps, j'ai reçu dans mon cabinet une jeune femme médecin rhumatologue. Elle souffrait d'un excès de poids et de douleurs aux articulations. Je découvris un pH trop acide et une forte fermentation intestinale. Je lui conseillai d'abord d'oublier ses médicaments. Et en un mois, je réussis à baisser son taux d'acidité, essentiellement grâce aux exercices de respiration-détente, et en modifiant légèrement ses habitudes alimentaires : au petit déjeuner, elle supprima café et jus de fruits. Ses douleurs articulaires disparurent, et elle perdit six kilos. Récemment, elle m'a dit : « Nous autres médecins, nous sommes trop spécialisés ; nous avons fini par oublier les choses les plus élémentaires. »

Ces propos m'ont ramené à mon enfance. Peut-être est-ce parce que j'ai été élevé à la campagne que je ressens profondément l'importance d'avoir un bon équilibre acides-alcalins. La terre nous instruit : un champ trop acide est impropre à la culture, quels que soient les engrais qu'on y ajoute ! De même, un organisme trop acide ne profite pas des vitamines, qui iront engorger le foie et les voies hépato-biliaires, créant une fatigue physique et psychologique supplémentaire.

Il est important de connaître son pH et de prendre les mesures nécessaires pour retrouver l'équilibre acides-alcalins.

CALCULER SON PH URINAIRE

Le pH peut se mesurer, en laboratoire, dans le sang ou la salive, mais le plus simple est de le mesurer vous-même, dans vos urines. Achetez chez le pharmacien un test urinaire, il est en général suffisant.

En déposant une goutte d'urine sur une petite surface sensible de papier, on obtient une coloration que l'on compare à une grille de couleurs. On connaît aussitôt le niveau de son pH. Chaque couleur correspond à un numéro. Zéro représente l'acidité absolue, 14 le maximum d'alcalinité. Le pH idéal est 7 ou 7,4, c'est-à-dire avec une très légère tendance vers l'alcalinité.

Le meilleur moment pour pratiquer le test est le matin à jeun, car il faut savoir que le pH se modifie constamment, mais légèrement, dans une direction ou l'autre. Ces variations ne sont pas graves pour la santé. En revanche, un déséquilibre chronique d'un côté ou de l'autre annonce des maladies dites de surcharge, comme le diabète, l'excès de cholestérol, la déminéralisation, une prise de poids anormale, l'obésité.

Faites le test. Inscrivez le résultat sur le tableau suivant.

Date	Matin	Midi	Soir	Appréciations
/ /	pH =			Gueuleton la veille
/ /		pH =		J'ai sauté le petit déjeuner Matinée stressante
/ /			pH =	Contrariétés, mais j'ai fait du sport
/ /	pH =			Je me suis couché tôt Bon sommeil

Je vous propose une petite expérience, qui va confirmer les effets de « ma » respiration. Faites un test de pH urinaire. Laissez passer trois heures, en pratiquant trois fois la respiration-détente. Faites un autre test. Je suis sûr que le résultat vous étonnera.

L'ÉQUILIBRE ACIDES-ALCALINS

Vous avez maintenant une idée différente, peut-être plus précise, des processus digestifs, du rôle – et des risques – de l'acidité, et vous avez pris conscience de l'importance de l'équilibre acides-alcalins (le pH). Les tableaux qui suivent vous renseignent sur l'acidité ou l'alcalinité des aliments. En neutralisant par votre choix les effets acidifiants de certains aliments pour vous rapprocher de l'équilibre acides-alcalins, vous allez retrouver les conditions d'une bonne assimilation-élimination, voie royale vers la perte de poids.

Tableau n°1
LES ALIMENTS ALCALINS OU AUX VERTUS ALCALINISANTES **Les légumes** pomme de terre, maïs, chou, carotte, betterave... **Les légumes verts, crus ou cuits** haricots verts, salade, épinards... **et toutes les herbes** persil, coriandre, ciboulette, basilic, estragon... **Les fruits** banane, melon, châtaigne, amande, pruneaux, raisins secs...

Vous allez choisir en priorité, dans ce tableau, vos aliments préférés.

Tableau n°2

LES ALIMENTS ACIDES OU ACIDIFIANTS

Les produits laitiers
lait, yaourt, fromage blanc, les fromages fermentés

Les fruits rouges
fraise, framboise, cassis, groseille, myrtille, cerise

Les agrumes
orange, mandarine, pamplemousse, citron

Tous les fruits verts (insuffisamment mûrs)
raisin, abricot, prune, litchi, mangue, pomme

Les légumes
cresson, oseille, choucroute, tomate, rhubarbe

Tous les jus de fruits ou jus de légumes

Les boissons à base de cola

Les boissons sucrées : sirops, limonades...

Les vins acides, la bière, le cidre

Toutes les confitures (même maison)

Le miel

Les excitants
le café, le thé

Le vinaigre

Dans ce tableau figurent certainement des aliments auxquels vous êtes habitué et dont vous aurez du mal à vous séparer. Les supprimer serait trop difficile : cela ressemblerait à un régime agressif, créateur de stress. C'est à l'opposé de ma méthode. Vous allez donc simplement diminuer la consommation des aliments de ce tableau n° 2 (vous les apprécierez d'autant plus).

Ensuite, vous en espacerez la consommation. Votre poids stabilisé, vous pourrez les réintégrer progressivement dans votre alimentation.

Le tableau n° 3 va vous permettre de rétablir l'équilibre de votre pH en orientant votre alimentation dans la direction alcaline favorable à votre amaigrissement.

Pour éviter l'excès d'acidité à un ou à plusieurs repas, pour vos menus à la maison, au restaurant, au self ou à la cantine, essayez, sans forcer votre goût, de choisir de préférence l'équivalent dans la colonne de droite : aliments de remplacement.

Tableau n°3	
Aliments acidifiants	**Aliments de remplacement**
Café, café au lait Thé, thé citron, thé au lait Les infusions laxatives Chocolat au lait, lait	Boisson à base de chicorée Boisson aux céréales Infusions de tilleul, camomille, verveine
Jus de fruits, de légumes	Eau
Alcools, apéritifs, digestifs Vins acides	Vins de bonne qualité (1 ou 2 verres)
Confitures (même maison) Bonbons Miel Sucre blanc raffiné	Sucre complet
Céréales, biscuits, pâtisseries Noix, noisettes	Pain complet, pâtes, riz Amandes, dattes, figues
Huile d'arachide, huiles raffinées	Huile végétale : tournesol, olive, germe de blé, première pression à froid
Graisses animales, saindoux	Beurre

Œufs de batterie	Œufs de basse-cour (2 par semaine, en fonction de sa tolérance)
Produits laitiers, yaourt, fromage blanc...	Fromages de chèvre
Fromages fermentés (camembert, roquefort...)	Fromages à pâte dure (comté, beaufort...)
Haricots blancs, fèves, soja, lentilles	Châtaigne
	Pomme de terre, maïs
Tomate, cresson	Légumes verts crus ou cuits : salade, haricots verts, herbes aromatiques, fenouil, céleri, courgette, betterave, carotte, chou rouge ou vert, radis...
Oseille	
Charcuterie	Volailles élevées en plein air
Viandes grasses, abats	Poissons maigres : sole, raie, colin...
Poissons à l'huile (sardine, morue, thon)	Viandes blanches : veau
Fruits rouges : fraises, framboises...	Banane, melon, pêche
Fruits insuffisamment mûrs	
Vinaigre	Moutarde, condiments

Le système neurovégétatif

Notre système nerveux est complexe, divisé en un système cérébro-spinal (qui assure notre activité psychique et nos rapports avec le milieu extérieur) et un système neurovégétatif (qui assure notre vie végétative).

Ces deux formes d'activité vitale de notre organisme sont étroitement liées au niveau des nerfs et des ganglions.

Le système neurovégétatif se divise lui-même en un système sympathique et un système parasympathique.

Le système sympathique s'étend en une chaîne de ganglions de chaque côté de la colonne vertébrale, de la nuque au coccyx, reliée au nerf rachidien. Il a des relais vers les viscères innervés grâce aux nerfs sympathiques. C'est dans cet enchevêtrement que se trouvent les plexus : plexus cardiaque, solaire, hypogastrique, diaphragmatique, etc. (Voir page 160.)

Le système parasympathique se divise lui-même en deux.

- Le système parasympathique crânien se compose du parasympathique facial (avec les ganglions de la vue, de l'odorat, du goût, de l'audition) et du parasympathique viscéral (le pneumogastrique), relié au cœur, aux poumons, à l'estomac, au foie, à l'intestin grêle, à l'œsophage... où se trouvent différents plexus.

- Le parasympathique sacré, lui, s'étend à une partie des organes de la région pelvienne (vessie, rectum, anus, organes génitaux). Il réalise une connexion entre le système neurovégétatif et le système cérébro-spinal.

Les réflexes mécaniques de l'appareil neurovégétatif échappent normalement au contrôle de la volonté, mais on peut constater que le système cérébro-spinal influence nos organes de la nutrition.

Nos systèmes neurovégétatif et cérébro-spinal présentent donc des rapports fonctionnels communs, ils s'exercent dans les deux sens.

L'observation le prouve : une émotion, un stress, par le relais de l'hypothalamus, peuvent déclencher des réactions en chaîne : malaise, douleurs, coliques, constipation... ou des comportements anarchiques :

boulimie, grignotage, etc., pouvant conduire à la prise de poids.

Vous allez immédiatement ressentir les effets de ma méthode de respiration. Elle va vous permettre, dès les premiers exercices, d'harmoniser votre système cérébro-spinal et votre système neurovégétatif en leur apportant la détente au niveau psychique et une meilleure oxygénation des glandes et des viscères.

Mon expérience de thérapeute me confirme que la perte de poids repose essentiellement sur le retour à l'équilibre de ces systèmes. J'ajoute même que sans ce rééquilibrage, il n'y aura jamais de perte de poids naturelle et durable.

La bonne et la mauvaise digestion

Ce qu'il faut faire et ne pas faire

Pour maigrir durablement, il importe donc de régulariser vos fonctions digestives. Vous en êtes conscient. Encore faut-il connaître dans le détail le processus de la digestion, afin d'éviter erreurs et pièges possibles.

Consultez les pages qui suivent.

La page de gauche vous décrit une digestion heureuse, qui vous maintient en forme, en pleine santé, au maximum de votre énergie, en bonne condition pour parer au stress, aux agressions, pour affronter les situations difficiles, et vous permettre de maigrir et de garder votre poids idéal.

La page de droite répertorie les erreurs habituelles entraînant une digestion difficile, douloureuse, engendrant presque toujours des troubles physiques et psychologiques qui ouvrent sur l'état de mélancolie, l'envie de ne plus rien faire, la tendance à la dépression et au refus de soi-même.

Et qui fait grossir.

OUI

Avant de passer à table

- C'est bientôt l'heure du repas.
- Votre cerveau met en éveil vos cinq sens grâce à des messages transmis par impulsions nerveuses.
- Les bruits dans la cuisine, un accueil chaleureux, la bonne humeur, les odeurs alléchantes, les aliments agréables à voir vont stimuler votre appétit et mettre en marche les glandes salivaires.
- Le désir de manger se manifeste, la faim se fait ressentir.
- L'eau (la salive) vous vient à la bouche.
- La digestion commence, bien avant l'introduction du moindre aliment dans votre bouche.

NON

Avant de passer à table

- Vous êtes tendu(e), nerveux(se), stressé(e), angoissé(e) ou sous le coup d'une émotion.
- Votre bouche est sèche (elle ne produit pas de salive). Vous ressentez une gêne au niveau du pharynx (la gorge), ce qui augmente votre sentiment de malaise.
- Vous buvez une boisson trop chaude ou une boisson glacée, café ou thé, jus de fruits, de légumes, alcool, boisson à base de cola, trop rapidement et en grande quantité.
- Le volume du liquide descend directement dans l'estomac.
- S'il est vide, l'estomac se contracte du fait de la production de sucs gastriques qui s'y déversent et l'attaquent.
- S'il est plein, l'acidité se mélange avec le bol alimentaire.
- Vous fumez plusieurs cigarettes.
- Toutes ces causes seront à l'origine du dysfonctionnement de votre système neurovégétatif, perturbant l'ensemble du processus d'une bonne digestion.

OUI

À table

- Vous vous asseyez à table, le dos droit, les jambes non croisées dans un lieu calme et agréable.
- Vous pratiquez cinq fois de suite la respiration-détente qui va stimuler vos plexus et préparer votre système neurovégétatif à une excellente digestion.
- Vous introduisez les aliments dans votre bouche et percevez les goûts essentiels : salé, sucré, amer, acide...(avec la pression des lèvres et la langue qui effectue le mélange).
- Si un aliment est trop amer, trop acide ou chargé de toxines, vous avez le réflexe de le rejeter (comme un fruit de mer toxique).
- La saveur est une sensation complète, mêlant le goût et l'odorat. (Notre cerveau a mémorisé nos goûts en fonction de notre enfance, de notre vécu, etc.)
- Vous adaptez les aliments à vos goûts en ajoutant sel, poivre, condiments, pour apprécier totalement et prendre plaisir à manger.

NON

À table

- Vous vous asseyez dans une position inconfortable : siège trop bas, trop mou, sur le bord d'un tabouret, jambes croisées.
- Vous êtes debout, serré(e), à un bar ou bousculé(e) pour libérer la place, pressé(e), angoissé(e).
- Vous perdez le sens de l'odorat, le tabac amoindrit la capacité des cellules olfactives dans votre nez.
- Le bruit vous abrutit, la précipitation vous stresse, la fumée vous intoxique.
- Ces signaux perturbent votre système nerveux et bloquent les plexus du système neurovégétatif.
- Vous ingurgitez les aliments sans discerner ce que vous mangez, machinalement, avec précipitation. Privé(e) de vos capacités à apprécier un goût, une odeur, vous trouvez tout bien insipide.
- Vous mangez sans faim, sans appétit, par automatisme.

OUI

À table

- Vous mangez lentement. Dans notre bouche, les aliments s'imprègnent de salive. Nous en produisons un litre par jour. Elle contient des sucs qui nous aident à digérer et aussi un désinfectant qui combat les bactéries de la bouche. C'est la première transformation chimique des aliments.
- Les aliments sont mastiqués, broyés, déchirés par nos dents, qui agissent comme des outils de transformation.
- Ils sont malaxés avec la langue, pour former le bol alimentaire, dont la température se situe à 38°C.
- Par la déglutition, ce bol alimentaire franchit le pharynx pour descendre dans l'œsophage, bien lubrifié par des petits mouvements de contraction et de distorsion.
- Vous apportez à votre corps toutes les conditions pour une excellente digestion.

NON
À table

- Dès les premières bouchées, vous avalez tout rond.
- La salive est mal ou insuffisamment sécrétée (votre bouche est sèche).
- Et, si les dents sont en mauvais état, les dépôts de micro-organismes ou de bactéries à leur surface produiront des acides qui se mélangeront avec le bol alimentaire.
- Les bouchées insuffisamment mâchées et imprégnées de salive sont trop volumineuses et ont du mal à franchir le pharynx. Les difficultés à déglutir provoqueront une sensation de malaise, d'étouffement, de boule dans la gorge.
- Si vous mangez ou buvez froid, le bol alimentaire n'aura pas le temps de se réchauffer à 38°C pour descendre dans l'estomac. Si vous mangez trop chaud, il n'aura pas le temps de réduire sa température.
- Par toutes ces erreurs, vous demandez à votre corps un travail supplémentaire. Votre système digestif subira des dysfonctionnements au niveau des prochaines étapes de la digestion.

OUI

À table

- Vous mangez détendu(e), le bol alimentaire franchit, dans de bonnes conditions, le muscle cardia à la base de l'œsophage (il agit comme une première valve, empêchant les sucs gastriques contenus dans l'estomac de remonter.)
- Le bol alimentaire arrive dans l'estomac, où les sucs et les enzymes gastriques vont jouer parfaitement leur rôle pour le transformer.

NON

À table

- Vous êtes énervé(e), contrarié(e), les sucs gastriques vont remonter dans l'œsophage, provoquant des aigreurs, une sensation de brûlure.
- Dans l'estomac, le bol alimentaire va devoir subir un malaxage important afin de fragmenter les aliments et de les rendre solubles avec les sucs gastriques, qui contiennent de l'acide chlorhydrique très puissant.
- Ce travail supplémentaire entraîne fatigue physique et psychologique, coup de pompe, maux de tête, état de somnolence, manque de concentration, crampes.
- Si le bol alimentaire n'est composé que de liquides ou s'il est trop liquide, l'acide chlorhydrique attaquera les parois de l'estomac, enflammant la muqueuse.
- Si votre état de stress, de nervosité est quotidien, la sécrétion des sucs gastriques sera d'autant plus importante, et c'est à la longue la gastrite ou, plus grave, l'ulcère de l'estomac.

OUI

À table

- Vous mangez doucement, votre cerveau reçoit par impulsions nerveuses le message que l'estomac est plein et qu'il faut arrêter de manger.
- Et vous arrêtez instinctivement.

NON

À table

- Énervement, précipitation, boulimie : vous ne prêtez pas attention à la dilatation de votre estomac trop plein. Vous éprouvez une barre à l'estomac, des ballonnements, des douleurs... Ce sont les signaux d'alarme de votre corps qui informent votre cerveau des difficultés digestives qu'il subit.
- Les douleurs sont dues aux contractions chargées de faire descendre le bol alimentaire vers le pylore pour passer dans l'intestin.
- La digestion stomacale sera plus longue et fatiguera tout l'organisme.

OUI
À table

- Vous êtes détendu(e), vous ressentez une sensation de satiété, de bien-être, et vous arrêtez de manger.
- Le pylore, à la sortie de l'estomac, agit comme une seconde valve. Il se ferme comme une soupape de sécurité pour protéger l'intestin des sucs trop acides qui risquent de l'agresser.

NON

À table

- Comme vous ne prenez pas en compte les alertes et les douleurs, pour sortir de cet inconfort et obliger le pylore à s'ouvrir, le cerveau vous envoie de mauvais conseils.

– Mange encore pour calmer ton ventre (et l'acidité). Résultat : boulimie, ou grignotage, repas trop rapprochés comme si on avait peur d'arrêter de manger.

– Bois de l'alcool (car l'alcool agit comme un anesthésique et permet la vidange).

– Bois de l'eau, une boisson gazeuse ou glacée (pour alourdir le bol alimentaire et l'obliger à descendre).

– Fume une cigarette, un cigare (pour obliger le pylore à s'ouvrir).

– Mange un sorbet (c'est souvent la coutume de manger un sorbet entre deux plats lourds, pour les mêmes raisons).

– Utilise un médicament de confort : comprimé, poudre... (pour neutraliser l'acidité et diminuer les douleurs).

- Parfois, et c'est le plus dangereux, notre corps ne nous envoie aucun signal d'alarme : il est saturé, nous n'avons pas faim, mais nous mangeons par nervosité, par automatisme, pour compenser nos stress, et notre organisme doit s'adapter à toutes les situations que nous lui imposons.
- Il crée des modifications, des dysfonctionnements, et stocke des réserves.

OUI

La digestion

- Le pylore s'ouvre environ une demi-heure après l'ingestion pour laisser passer, par petites quantités, le bol alimentaire – devenu chyme dans le duodénum – qui a reçu de la vésicule biliaire la bile fabriquée par le foie et les sucs pancréatiques en provenance du pancréas. La bile et les sucs pancréatiques neutralisent l'acidité du chyme, et la digestion se poursuit dans les meilleures conditions.
- Le foie nous aide à éliminer grâce à ses fonctions multiples : il filtre, transforme, stocke le sucre dont notre corps et notre cerveau ont besoin pour un effort physique ou intellectuel, il fabrique des anticorps et aussi la bile.
- La vésicule biliaire reçoit la bile indispensable pour digérer les graisses, éliminer les toxines et faciliter la digestion.
- Le pancréas sécrète l'insuline, qui diminue le taux de glucose dans le sang, et le glucagon, une autre hormone dont l'action est opposée à celle de l'insuline, puisqu'elle augmente le taux de sucre dans le sang. Le pancréas fournit en outre des enzymes digestifs pour attaquer les sucres, les graisses, les protéines, et aider à bien digérer.

NON

La digestion

- Le pylore s'ouvre pour vidanger l'estomac (il peut s'ouvrir aussi sous le coup d'une émotion, d'une contrariété, d'un stress).
- Alors, le flux acide gastrique se déverse dans le duodénum : endroit clé de la prise ou de la perte de poids car situé au carrefour des aliments qui sortent de l'estomac et des sucs bilio-pancréatiques qui remontent de la vésicule biliaire et du pancréas pour neutraliser l'acidité.
  - Le foie, fatigué, ne joue plus son rôle de filtre si les produits toxiques s'accumulent. C'est l'insuffisance hépatique et l'augmentation du taux de cholestérol.
  - La vésicule biliaire, trop sollicitée, devient paresseuse ou atone et ne remplit plus son rôle de vidange. Ou bien elle se contracte et déverse la bile en trop grande quantité (chasse biliaire).
  - Le pancréas déverse trop ou pas assez de sucs pancréatiques. L'insuffisance pancréatique est la cause du diabète (trop de sucre dans le sang).
- Plus vous vous énervez, plus vous accentuez ces malaises : nausées, migraines, fatigue, maux de tête, alternance de diarrhée et de constipation...

OUI

La digestion

- À ce stade, votre digestion s'accomplit dans les meilleures conditions possibles. Vous êtes en mesure de comprendre qu'un ventre en parfait état de marche détermine aussitôt un bon état du système neurovégétatif. Vous observez l'effet positif sur votre comportement et sur votre état d'esprit : vous êtes de bonne humeur, vous avez envie d'entreprendre et vous vous sentez bien.
- Ce n'est qu'un début sur le chemin de l'amaigrissement.

NON

La digestion

- Mais le pylore peut aussi se bloquer fermé. Et là, c'est le risque de refoulement. Dans le cerveau, un « centre vomitif » reçoit le signal que l'équilibre de votre estomac est perturbé.
- Les muscles abdominaux se contractent et font remonter le contenu de l'estomac dans l'œsophage, obligeant par réflexe l'expulsion par la bouche. (Certaines femmes déclenchent ce réflexe en se faisant vomir pour libérer l'estomac plein et se permettre de manger à nouveau sans grossir. Cette pratique est catastrophique et le signe d'un grand déséquilibre physique et psychologique).
- L'inflammation de la muqueuse de l'estomac peut provoquer une remontée dans l'œsophage jusqu'à la bouche de sécrétions acides bilio-pancréatiques (renvois gastriques), entraînant :
  - mauvaise haleine ;
  - goût amer ;
  - brûlures au niveau de l'œsophage ;
  - aphtes ;
  - mauvaises gencives, mauvaises dents ;
  - allergies cutanées, allergies respiratoires ;
  - affections rhino-pharyngées (gorge-nez).

OUI

La digestion

- Les aliments avancent naturellement dans l'intestin grêle avec les sucs bilio-pancréatiques.
- À travers toute la surface de la paroi des intestins, les vaisseaux sanguins viennent puiser les substances nobles de l'alimentation pour les distribuer, par le système circulatoire, dans tout l'organisme jusqu'à vos cellules.
- Le côlon droit (côlon ascendant) a un rôle d'accélérateur pour limiter le ralentissement de la digestion et la stagnation du chyme dans le gros intestin. Les bactéries sont chargées d'éviter les infections. Par leur travail de destruction des toxines, elles travaillent dans la bonne direction.

NON

La digestion

- Les aliments avancent avec difficulté dans l'intestin avec trop ou pas assez de sucs bilio-pancréatiques et dans un milieu trop acide.
- Il peut se produire :
  - des contractions douloureuses (coliques);
  - une dilatation (ballonnements);
  - un ralentissement de la digestion entraînant une fermentation intestinale qui provoquera une indigestion chronique. Chez la femme, cette indigestion chronique congestionne les ovaires, induisant des règles douloureuses, irrégulières ou inexistantes;
  - une agression de la muqueuse intestinale avec irritabilité, inflammation et, plus grave, fissures dans lesquelles logera l'acidité;
  - une intoxication chronique avec alternance d'état de constipation et de diarrhée;
  - une multiplication des bactéries et un développement de la flore microbienne, provoquant une putréfaction intestinale par la fermentation des matières fécales (gaz);
  - une mauvaise élimination des toxines, qui provoquera la rétention d'eau et l'infiltration du tissu conjonctif sur tout le corps – cellulite, jambes lourdes, culotte de cheval...;

OUI
L'élimination

- Dans l'intestin, vous fabriquez les matières fécales avec les déchets de l'alimentation dont votre corps n'a pas besoin.
- Par les reins, vous éliminez de l'eau, des déchets et une substance très toxique : l'urée. Les reins règlent la teneur en eau et en sel du sang.
- Vous attendez au minimum trois heures, au mieux cinq heures, avant de vous remettre à table pour permettre à votre appareil digestif de se reposer.
- Votre corps a bien adopté le rythme de votre horloge biologique. Vous ressentez la faim à l'heure habituelle du repas.
- Vous buvez entre les repas pour assurer une bonne hydratation de votre corps, toujours à petites gorgées, un liquide – de l'eau de préférence – à température ambiante.
- Ces bonnes habitudes sont la garantie d'un poids de forme maintenu à vie.

NON

L'élimination

- Les résidus sont finalement évacués après plusieurs jours ou plusieurs semaines! Et la constipation s'installe, pouvant devenir chronique.
- Les reins ont un surcroît de travail pour éliminer.
- Le test du pH urinaire vous renseigne sur votre état d'acidité.
- Les propriétés nobles de l'alimentation issues des protides, des glucides et des lipides, les vitamines, les sels minéraux et les oligo-éléments seront mal assimilés par l'organisme et vous souffrirez de carences.
- À peine le repas terminé, vous grignotez sans faim.
- Des aliments neufs atterrissent dans l'estomac, ils rejoignent le bol alimentaire, qui n'est pas au même stade de transformation. Il se produit une perturbation de la digestion, qui devient plus lente, encore plus difficile ou même impossible. Les mélanges stagnent à tous les niveaux : estomac, intestin...
- Des inconvénients douloureux ou des adaptations dangereuses pour vos organes, glandes et systèmes vont se mettre en place : lourdeurs, ballonnements, malaises, nausées, somnolence, fatigue physique et psychologique, stockage des graisses, cellulite... C'est la prise de poids assurée.

Le cholestérol : 85 % de stress

Le cholestérol est une substance grasse produite par le foie, essentielle à la composition des parois cellulaires et présente dans tout l'organisme. Le cholestérol circule dans le sang, et c'est l'élévation anormale de son taux qui accroît le risque de maladies cardio-vasculaires, car il ne peut alors être dissous par le sérum sanguin, provoquant des dépôts dans tout le système circulatoire.

Le cholestérol ne provient que pour 15% de l'alimentation, plus précisément des protéines animales : produits laitiers, œufs, viandes...

Je pense, contrairement aux idées reçues, que l'excès de mauvais cholestérol prend sa source pour 85% dans le stress, l'angoisse, la précipitation à table. Parmi les patients que j'ai soignés pour troubles fonctionnels, le taux de cholestérol variait de 3 à 4 (taux normal : 2,20 à 2,60). En deux mois, avec ma méthode de respiration et de prise alimentaire lente, et, après que j'ai rééquilibré la fonction du foie et la production des sucs bilio-pancréatiques, le taux de cholestérol est redescendu à la normale, à la grande surprise du médecin traitant!

Une victoire de plus de ma méthode.

Changer vos habitudes alimentaires

Comme vous l'avez constaté à travers notre description des comportements à table, la façon de manger est plus importante que ce que l'on mange. Si ma méthode, à quelques détails près, permet de consommer tout ce que l'on aime, elle est très stricte sur les conditions dans lesquelles on prend ses repas, les dispositions du corps et de l'esprit lors des prises alimentaires, et les horaires. Pour maigrir, il y a cinq règles principales, indissociables, qui n'ont rien de contraignant.

1. Bannissez les régimes.
2. Relaxez-vous avant de passer à table.
3. Mangez lentement.
4. Retrouvez les plaisirs du goût et de l'odorat.
5. Mangez régulièrement et modérément.

BANNISSEZ LES RÉGIMES

Tous les régimes sont source de déséquilibre, de grande fatigue, de nervosité, d'agressivité et d'état dépressif. Tous les régimes, au début, font perdre du poids – mais on reprend rapidement le poids éliminé et souvent avec quelques kilos supplémentaires. Chaque régime provoque carences et troubles, souvent difficiles et lents à corriger. Les régimes « terroristes » suivants en sont la démonstration.

✓ **Régime végétarien :** sont interdits tous les produits d'origine animale.

Conséquence : Difficile à équilibrer. Engendre à la longue (surtout pour les enfants) des carences en vitamines B12, calcium et acides aminés. Ils ont pour conséquence manque d'énergie, fatigue et problèmes digestifs.

✓ **Régime des « basses calories » :** restriction de l'apport calorique par la suppression des sucres lents (pain, pâtes, riz, pommes de terre).

Conséquence : Difficile à suivre et stressant car on doit peser tous les aliments pour ne pas dépasser le nombre de calories autorisé. Provoque fatigue, état dépressif.

✓ **Régime macrobiotique :** fondé sur la philosophie zen, selon laquelle la nourriture se divise en :

– aliments yin (dilatateurs) : légumes verts, sucres raffinés, fruits...

– aliments yang (constricteurs) : céréales (préparées à la vapeur et assaisonnées d'huiles végétales et de sel marin). Sont interdits tous les produits d'origine animale. L'hydratation est considérée comme peu utile.

Conséquence : déficit en calcium et en vitamines C et A. Déminéralisation, déshydratation, troubles neurovégétatifs, fatigue, dépression, asthénie, jaunissement des dents, relâchement de la peau, chute des cheveux, ongles cassants... Régime extrêmement dangereux.

✓ **Régime hyperprotidique :** le régime à la mode. Il est basé sur la surconsommation de protéines en sachet, poudre, crème ou potage et de compléments vitaminiques et sels minéraux de synthèse.

Conséquence : le régime fait perdre du poids, au prix d'une véritable malnutrition. Dangereux pour l'équilibre physique et psychologique. Il perturbe le sommeil, rend nerveux et irritable. Il ne devrait jamais être pratiqué sans une stricte surveillance médicale, voire en milieu hospitalier pour des cas très spécifiques d'obésité.

✓ **Régime dissocié (Shelton) :** on ne mange qu'un seul aliment (légume, fruit, laitage, viande ou poisson) pendant six jours. Effet rapide et spectaculaire mais dangereux.

Conséquence : lassitude, déséquilibre, et excès alimentaire pour compenser. On se retrouve rapidement au-delà du poids d'origine.

✓ **Régime Atkins :** fondé sur l'impossibilité des lipides alimentaires à se transformer en graisses de réserve sans l'apport de glucides. Autorise les corps gras à volonté et supprime les sucres.

Conséquence : troubles sévères, déshydratation, augmentation du taux d'acide urique, hypovitaminose C. Ce régime est dangereux et la rechute est inévitable.

✓ **Régime Mayo :** menus très rigides jouant sur certaines associations alimentaires. Suppression des laitages et des protides, quatre à six œufs par jour, à suivre pendant quatorze jours.

Conséquence : régime hypocalorique, fatigant, provoque des carences en calcium, rend nerveux, irritable, anxieux. Perturbe le sommeil.

Ces régimes sont directifs et substituent une règle terroriste à la volonté défaillante du patient. Ils augmentent le taux d'acidité dans l'estomac et au niveau du duodénum ; ils dérèglent la fonction normale du pancréas, de la vésicule biliaire et du foie ; ils irritent les intestins et sont à l'origine de dysfonctionnements de l'appareil neurovégétatif.

Aucun ne prévoit de réadaptation à l'alimentation normale. Le patient, souvent affamé, sans énergie, déprimé, anxieux, irritable, en état de moindre résistance aux maladies, reprend très vite ses mauvaises habitudes, perd sa bonne humeur, sa joie de vivre et son potentiel énergétique.

MAIGRIR, QUAND ON A ESSAYÉ TOUS LES RÉGIMES

Marie-Chantal, 39 ans, + 5 kg
Mariée

Dans le cas de Marie-Chantal, beaucoup de femmes se reconnaîtront. Je vous restitue son histoire, telle qu'elle me l'a racontée.

« Toute mon enfance, j'ai entendu mes parents et mon entourage me répéter : " fais attention de ne pas grossir, veille à ta ligne ". Ne pas grossir était une véritable obsession; on donnait en exemple mon grand-père et ma grand-mère, restés minces tout au long de leur vie. À 17 ans, j'ai commencé à travailler, dans un self-service. Je me levais très tôt, bâclais mon petit déjeuner; et j'ai pris 5 kilos.

Sur les conseils d'une amie, je consultai un médecin nutritionniste à Paris. Il me prescrivit un traitement amaigrissant de 3 mois à base de médicaments, ampoules, gélules à avaler 6 fois par jour. En 3 mois, je passai de 56 à 45 kilos. J'étais heureuse – je m'habillai de nouveau en 36 – mais j'étais fatiguée et très nerveuse. Dès que j'arrêtai le traitement, je repris du poids. Je retournai alors chez le médecin et recommençai le même traitement pour 3 mois. Cela dura 3 ans. Finalement, irritable, dépressive, je stoppai tout – et très vite je montai à 59 kilos – 3 kilos de plus qu'au départ.

J'essayai alors l'homéopathie, l'acupuncture, les aimants dans les oreilles, sans aucun résultat sauf un état de fatigue et d'énervement croissants.

Installée à Paris, je trouvai un emploi dans la mode, au milieu de mannequins très minces auxquelles je décidai de ressembler. Sans aide, en ne mangeant pratiquement rien, j'arrivai à perdre 4 kilos. Cela ne me suffisait pas, un autre médecin me prescrivit un autre traitement de 3 mois avec des gélules 5 fois par jour – des coupe-faim – accompagné de 20 séances de drainage lymphatique. En un mois, moins 10 kilos ! Mais dès l'arrêt du traitement, je repris du poids plus vite qu'avant avec, en prime, une immense fatigue, des troubles du sommeil et des crampes.

Les années suivantes, j'essayai les régimes Scarsdale, Mayo, Atkins – sans résultat. J'enchaînai sur Gesta et Montignac. Aucun effet sur moi, autre qu'une santé délabrée, une grande déprime, des cernes autour des yeux, un teint blafard. J'avais de plus en plus de mal à manger au restaurant ou chez des amis, je souffrais constamment de ballonnements, constipation ; mes jambes et mes cuisses se garnissaient de cellulite ; je me sentais malade.

Pour combattre la cellulite, j'eus alors recours à la mésothérapie. Résultat : ecchymoses, jambes douloureuses. L'étape suivante fut le régime super-protéiné à base de sachets de protéine. Grâce à lui, en 6 mois, je redescendis à 52 kilos. Je me sentais bien mais dès que j'arrêtais mes sachets, je reprenais du poids, dépassant finalement 60 kilos.

Depuis un certain temps, je voyais à la télévision Pierre Pallardy qui, inlassablement, dispensait les mêmes conseils de diététique et d'hygiène de vie. J'achetai un de ses livres, et fut frappée par sa façon d'aborder le problème du poids. Le livre me fit réfléchir, j'appliquai sa méthode. Tout de suite, je me sentis plus calme, rassurée et au bout de quelques semaines, j'avais perdu 3 kilos sans me priver, sans gélules, de façon naturelle. Ce qui m'encouragea à bouger, je pris l'habitude d'aller deux fois par semaine à la piscine, de marcher, de commencer le roller. Je n'avais plus honte de mon corps.

Aujourd'hui, mon poids varie entre 53 et 55 kilos, je me sens bien dans ma tête et dans mon corps, je ne suis plus ni fatiguée, ni déprimée – je m'accepte telle que je suis, et j'ai perdu l'obsession du poids. Même en cas de repas plantureux, je ne dépasse plus jamais le cap des 55 kilos. »

RELAXEZ-VOUS AVANT DE PASSER À TABLE

C'est d'une importance primordiale. La détente, vous l'avez compris, est à la base de ma méthode. Sans la détente, vous ne maigrirez pas.

Voici pourquoi. Si vous passez à table contracté(e), votre estomac, qui est contrôlé par le cerveau, subit immédiatement une hypersécrétion, ou une hyposécrétion, des sucs gastriques, qui elle-même va entraîner une hyper ou une hyposécrétion des sucs bilio-pancréatiques. Les mécanismes d'assimilation-élimination sont perturbés. Très vite, une fermentation intestinale se crée; sollicité, le foie va peiner pour traiter – c'est son rôle – toxines et déchets. Conséquence : prise de poids quasi immédiate.

Si, au contraire, vous prenez votre repas détendu(e), l'esprit libre, l'afflux normal des sucs bilio-pancréatiques va dissoudre les graisses, les sucres... Le foie fera parfaitement son travail, les déchets et les toxines seront éliminés, il n'y aura pas de prise de poids. Tous mes patients qui, avec l'aide de ma respiration-détente, ont réussi à changer leur façon de manger, ont maigri. Tous, sans exception.

Vous allez donc prendre la décision de faire de vos repas des moments privilégiés, protégés, à l'abri de tout stress. Avant de vous mettre à table, au déjeuner comme au dîner, vous allez pratiquer une séance d'inspiration-expiration en suivant mes indications pour débloquer et équilibrer votre système neurovégétatif (voir page 68). Auparavant, vous vous serez mis à l'aise (pas de ceinture trop serrée, etc.). Asseyez-vous au fond de votre chaise, confortablement, en prenant votre temps. Ne croisez pas les jambes.

Après avoir inspiré-expiré profondément, oubliez pour un temps vos problèmes. Pensez à ce que vous allez manger. Si vous êtes chez vous le soir, après avoir respiré en profondeur, détendez-vous. Ne mangez pas affalé(e) sur un canapé, devant votre écran de télévision. Si vous ne pouvez pas vous en passer, choisissez un programme qui vous détende. Zappez le moins possible. (Si vous en êtes capable, évitez de regarder la télévision pendant le repas jusqu'à ce que vous soyez stabilisé(e) à votre poids de forme.)

Dans ma jeunesse, quand je travaillais comme garçon de ferme, j'ai remarqué que les paysans se rassemblaient autour du puits avant de passer à table. Ils tombaient la veste, se lavaient le visage et les avant-bras dans l'eau froide. Jamais ils ne se mettaient à table sans ce rituel, qu'accompagnait parfois la prière du bénédicité. Aujourd'hui, j'y vois une recherche spontanée de détente et un profond respect de la nourriture; leur système neurovégétatif équilibré, leurs plexus libérés, mes paysans assimilaient facilement... et grossissaient rarement, malgré les déjeuners très copieux, très riches, correspondant à leur dépense d'énergie. Le soir, en revanche, le dîner était beaucoup plus léger.

Je ne le répéterai jamais assez, il est essentiel de se mettre à table détendu. Je n'ignore pas que la vie moderne, avec ses pressions, ses cadences, ses stress, ne facilite pas les choses. Même à la campagne, la vie se modifie : on mange souvent à la va-vite, sur le tracteur, le Walkman calé sur les oreilles. Et on grossit!

J'ai eu, parmi mes patients, une commerçante qui avait essayé de nombreux régimes sans jamais parvenir à maigrir. Sa fille était dans la même situation.

Or ni l'une ni l'autre ne faisaient jamais un véritable repas de midi ! Elles exploitaient une boutique d'alimentation et se levaient à tour de rôle, pour servir la clientèle. Inutile de chercher plus loin la cause principale de leur prise de poids. J'ai souvent accueilli dans mon cabinet des mères de famille qui, elles non plus, n'arrivaient pas à maigrir. Elles me racontaient leur vie. Au déjeuner, comme au dîner, elles n'avaient pas le temps de s'asseoir, de se détendre. C'étaient de perpétuels va-et-vient entre cuisine et salle à manger. Les enfants avaient des horaires compliqués. Inutile de poursuivre mon questionnaire : je connaissais la cause principale – unique éventuellement – de leur excès de poids.

Je considère comme une véritable catastrophe la multiplication des distributeurs automatiques sur le lieu de travail. Bientôt, ils vont même proposer des plats chauds, sans odeurs. On fait la queue, on calcule l'attente prévisible, on s'impatiente... Il n'y a plus de convivialité, d'échanges, de conversations, de communication. D'après certaines statistiques, dans dix ans, 50 % des gens qui travaillent mangeront debout, à n'importe quelle heure, des aliments issus de distributeurs. Aujourd'hui, dans les cantines scolaires et universitaires, dans les usines, on a tendance à raccourcir le temps du repas. Le bruit en général est intense, les couleurs sont agressives, le consommateur, quel que soit son âge, devient un numéro. Il se sent méprisé. Où est la détente dans tout cela ?

Essayez, par tous les moyens, d'échapper à ces pièges. Pour cela, il faut arriver à vous ménager un temps et un espace-déjeuner qui vous mettent à l'abri du stress, de la précipitation, du sentiment d'urgence. Trouvez un lieu agréable, si possible silencieux. Profitez de vos repas pour vous recharger en énergie. C'est plus facile que vous ne le pensez.

Je sais bien que beaucoup d'entre vous auront du mal à changer radicalement leurs habitudes, le décor de leurs repas. Des amis joyeux avec qui on se détend (le rire est un véritable jogging du ventre) ne sont pas toujours faciles à trouver. Cela peut prendre du temps. En attendant, après avoir, avant chaque repas, pratiqué la respiration-détente, consacrez un petit moment à vous laver les mains et les avant-bras. Les écoles, les usines, les bureaux ne manquent pas de lavabos, et je m'étonne de constater que très peu d'enfants, et peu d'adultes, se lavent les mains avant de passer à table. C'est un soin d'hygiène élémentaire, et un facteur de détente. Dans l'hypothèse où vous ne pouvez changer de décor, si vous êtes prisonnier d'une cantine peu accueillante, bruyante ou enfumée, attachez encore plus d'importance à la préparation respiratoire. L'inspiration-expiration profonde est le premier moyen d'accéder à la détente.

Dans une société où on ne cesse d'améliorer la productivité et où on néglige hélas ! trop souvent les endroits où adultes et enfants se ressourcent, où l'on exige un travail de plus en plus performant, au mépris du confort physique ou mental, ces exercices qui vont vous conduire à la perte de poids vous seront d'un grand secours. Le stress nous guette à chaque instant. (À ce propos si, juste avant un repas, vous subissez un stress violent, si vous vous sentez soudain agressé(e), angoissé(e), je vous conseille de retarder votre prise alimentaire de quinze à trente minutes. Le temps de retrouver, par la respiration, l'indispensable détente, afin que votre système neurovégétatif exerce de nouveau normalement sa fonction d'assimilation et d'élimination.)

MANGEZ LENTEMENT

Cette règle peut vous paraître simpliste et évidente. Mais je suis catégorique. Pour perdre du poids, vous devez être détendu(e), manger calmement, et lentement.

Quand on mange vite, sous la pression, quelle qu'elle soit, intérieure ou extérieure, se produisent des coupures d'énergie, une perturbation immédiate de la chaîne des réactions qui entrent en jeu tout au long de la digestion. C'est un point que j'ai souligné déjà dans plusieurs de mes livres : il suffit qu'un organe fonctionne mal, trop vite ou trop lentement, entraînant une hyper ou une hyposécrétion de sucs gastriques, de bile, d'enzymes, etc., et le système neurovégétatif se dérègle. L'assimilation est perturbée, la fermentation augmente et le corps ne tire pas profit des éléments nobles de l'alimentation : protides, lipides, glucides, vitamines, sels minéraux et oligo-éléments, et dans les deux cas, on souffre de carences. C'est la porte ouverte aux troubles fonctionnels, à la fatigue physique, morale, aux dysfonctionnements – à la prise de poids. Manger précipitamment, nerveusement, est une grave erreur. On a toujours l'impression de rester sur sa faim. On se ressert, nerveusement. On boit trop d'eau ou trop de vin. Comme la détente, le rythme ralenti à table vous remet en accord avec vous-même. Il est primordial non seulement parce qu'il vous permet de vous sentir en harmonie avec vous-même, responsable et gestionnaire de vos échanges – bien dans votre peau.

Manger lentement c'est d'abord mâcher les aliments. Si l'estomac les reçoit insuffisamment broyés, il doit fournir un excès de travail pour transformer cette bouillie, appelée le chyme ; la digestion se ralentit et très vite se produit le fameux encombrement des voies bilio-pancréatiques. À plus ou moins long terme apparaîtront une gastrite et une colopathie fonctionnelle (désordre guérissable du système neurovégétatif).

Le bol alimentaire doit donc être broyé par les dents pour se mélanger à la salive à l'intérieur de la bouche. La salive contient, en effet, des enzymes qui commencent la digestion de certains aliments – en particulier les amidons – et la transformation des iodures et des chlorates. Quand on mange trop vite, la salive n'est pas sécrétée par les glandes salivaires et ne peut remplir son rôle. Les aliments, mal digérés, vont perturber les intestins, qui ont pour mission d'en achever le broyage et d'en assurer la répartition, les éléments nutritifs passant dans le sang, les déchets et toxines étant éliminés par les selles. L'intestin, fatigué, donnera naissance à une colite, d'où fermentation excessive et prise de poids immédiate.

Le rôle de la bouche et des enzymes de la salive dans le processus de transformation des aliments a fait récemment l'objet de recherches très poussées qui ont mis en relief le rôle de ces enzymes, plus important qu'on ne le pensait jusqu'à présent. Il est donc essentiel de mâcher les aliments pendant dix secondes au moins, surtout lorsqu'ils sont crus.

RETROUVEZ LES PLAISIRS DU GOÛT ET DE L'ODORAT

Oublier les régimes, passer à table détendu, manger lentement, retrouver les rythmes de jadis, l'ambiance des repas familiaux, c'est aussi prendre conscience de ce que l'on mange, et faire appel à tous nos sens. Cet équilibre de la sensibilité, que la vie moderne menace de plus en plus, j'y attache une grande importance dans ma chasse aux kilos superflus. Manger détendu, et lentement, ouvre l'esprit, et vous rend toute une série de sensations, de petites émotions, de plaisirs oubliés. Qui n'a pas observé qu'après un bon repas, convivial, les timidités tombent dans ce qu'on appelle la « chaleur communicative »? (C'est pour cette raison que les repas d'affaires, spécialité française, ont tant de succès.) Je pense très sincèrement que les changements que je conseille dans les habitudes alimentaires peuvent, dans certains cas, être aussi efficaces que des séances de psychothérapie!

En arrivant à table détendu(e), et en mangeant lentement, vous allez retrouver, avec émerveillement, l'usage de tous vos sens. Vous allez remettre en action votre odorat, dont le rôle ne se borne pas à éveiller l'appétit. Une partie de la muqueuse nasale, appelée région olfactive, renseigne le cerveau sur la qualité des aliments. N'hésitez pas à respirer le plat que l'on vous sert. S'il sent bon, si son odeur vous plaît, vous le digérerez sans peine. Si son odeur vous déplaît, n'y goûtez pas; il vous rendrait malade. S'il vous paraît sain, mais fade, il ne vous convient pas et vous risquez, en le consommant, des troubles neurovégétatifs. (Ne tombez pas pour autant dans les excès de l'instinctothérapie, qui base toute sa méthode sur l'utilisation exclusive des sensations naturelles, ou de la luminothérapie qui entend vous nourrir avec des « cristaux de lumière ».)

Personnellement, je sens toujours longuement ce qu'on me sert. J'approche l'assiette de mon nez et je respire profondément pendant quelques secondes l'odeur qui s'en dégage. Au restaurant, quitte à passer pour un original, je change alors quelquefois mon choix. De sorte que je n'ai jamais été incommodé après un repas au restaurant.

Procédez de la même façon au marché. En choisissant toujours, entre deux produits, celui qui sent bon, vous ne vous tromperez pas. N'oubliez pas, dans le même esprit, de humer le parfum des vins, c'est de cette façon qu'un connaisseur choisit les meilleurs crus.

Prenez votre temps. Regardez ce que vous mangez avant de mettre les aliments en bouche. Il suffit parfois de voir un plat, ou un produit, à travers une vitre pour en deviner le goût et l'odeur, et déclencher l'envie. Comme les odeurs de l'enfance sont ancrées au plus profond de nous-même, notre mémoire visuelle conserve nos bons et mauvais souvenirs culinaires et, parfois, inconsciemment, joue le rôle d'un starter ou d'un frein pour notre appétit.

Prêtez attention au goût des aliments, comme le faisaient nos anciens. Rien de plus triste que les plats préparés, préfabriqués, lyophilisés, surgelés, qui envahissent le marché, que les fast-foods, la nourriture rapide – que certains appellent la « junk-food », nourriture de poubelle – ou les aliments issus de distributeurs automatiques. En général, ces plats n'ont ni odeur ni goût ; ils sont faits pour être vite avalés. Il faut que « ça tourne ». Les chaises, dans ces établissements de restauration rapide, sont inconfortables, les assiettes et les couverts généralement en plastique. Tout est fait pour accélérer la consommation.

Ne vous laissez pas séduire par ce mode de restauration venu d'un pays, les États-Unis, où la sensibilité n'est pas la nôtre – et où on voit des gros, qui ne maigriront jamais, à chaque coin de rue.

Retrouvez le plaisir de manger lentement des mets que vous aimez, et qui ont du goût : vous possédez des fibres sensorielles situées dans les deux tiers antérieurs de la langue et reliées par l'intermédiaire de l'hypothalamus à certains points du cortex où le goût de chaque aliment est immédiatement identifié. Utilisez ces fibres.

Notre société moderne nous bouscule, nous pousse à aller de plus en plus vite, nous impose des horaires de plus en plus impératifs. Résistez à cette tendance, qui vous éloigne des valeurs traditionnelles – que souvent on va rechercher dans une spiritualité différente, voire dans les sectes. Le célèbre chef trois étoiles, Pierre Gagnaire, a écrit que la grande cuisine ne pouvait être qu'une cuisine de l'émotion, et qu'elle devait se déguster dans une « bulle de bonheur ». Or, même s'il est impossible de déjeuner et de dîner chaque jour dans un trois étoiles, recréons au moins, dans la mesure du possible, notre propre bulle de bonheur.

MANGEZ RÉGULIÈREMENT ET MODÉRÉMENT

Mangez détendu(e), mangez lentement, mais aussi mangez régulièrement.

La journée doit être balisée par trois repas toujours pris à la même heure.

Le petit déjeuner est, et doit rester, le « starter » de l'énergie. Par la suite il est impératif de manger toutes les cinq heures, avec deux collations entre les repas pour maintenir l'apport régulier d'énergie et éviter les « coups de pompe » (hypoglycémie) avec prise de poids immédiate et dérèglement du système neurovégétatif, car si les sucs sont précipités dans un estomac vide, ils attaquent la muqueuse, produisent de l'acidité, bouleversant le système neurovégétatif. Les travailleurs manuels l'ont bien compris : ils complètent spontanément leurs trois repas principaux par le traditionnel « casse-croûte ». Fondé sur la dépense d'énergie physique, le rythme alimentaire favorise aussi la concentration mentale; je le conseille aux travailleurs intellectuels. Il est très mauvais de mal répartir la prise alimentaire tout au long de la journée (grignotage, boulimie, repas trop copieux, sont souvent signe d'une anxiété refoulée). Le système neurovégétatif ne se repose jamais, les sécrétions bilio-pancréatiques sont perturbées, le foie en saturant ne peut plus éliminer les graisses, d'où fermentation, colopathie fonctionnelle et constipation. On est constamment en proie à des coups de pompe ; c'est la prise de poids immédiate. Autre piège : les coupe-faim, refuges contre la peur d'avoir faim, altèrent les sécrétions bilio-pancréatiques et entraînent à la longue des crises de boulimie.

Je m'étonne de constater que de plus en plus fréquemment, on voit s'ouvrir dans les grandes surfaces, des rayons « grignotage » attirant par tous les moyens la clientèle vers une série de produits nocifs et grossissants d'utilisation facile (chips, barres chocolatées, biscuits secs, salés ou sucrés, cacahuètes, confiseries). Ces produits, à consommer tout au long de la journée et même de la nuit, constituent à mon avis un véritable danger, obstacle majeur à ma méthode naturelle d'amaigrissement.

Évitez-les à tout prix.

MAIGRIR EN RESTANT « UN BON VIVANT »

François, 58 ans, + 22 kg
Homme d'affaires

François, 58 ans, propriétaire de plusieurs restaurants en province, dirigeant d'une équipe sportive, est un bon vivant qui n'a jamais vraiment prêté attention à sa santé. Après une alerte cardiaque, les médecins lui ont vivement conseillé de maigrir, mais François ne pouvait supporter l'idée de régime, à l'encontre de son plaisir de vivre, basé sur les repas copieux entre amis et les soirées bien arrosées. La convivialité étant pour lui la base de sa vie.

Ancien sportif, il n'a plus aucune activité physique depuis longtemps. Son taux de sucre et de cholestérol montaient dangereusement, son essoufflement augmentait. Craignant une nouvelle attaque s'il ne perdait pas de poids, ses amis lui dirent de me consulter. Sa première phrase fut : « Surtout ne me mettez pas au régime. J'en ai trop suivis sans résultat ! »

Quand je lui expliquai que pour moi tout régime était désastreux, il se détendit immédiatement et sa méfiance, je le ressentis, se dissipa.

Je lui expliquai que je partageais ses goûts et ses passions pour la bonne chère, le bon vin, les amis et le sport, qu'il allait maigrir sans changer ses habitudes de repas entre amis, simplement en modifiant certains comportements à table, et en respirant selon ma méthode.

À l'examen, je découvris un ventre très gonflé, douloureux, en très mauvaise santé. Quelques séances à mon cabinet eurent raison de ses dysfonctionnements car, de son côté, François jouait le jeu, pratiquant toutes les heures ma respiration, passant à table détendu, choisissant mieux ce qu'il mangeait en prenant son temps, évitant le beurre cuit, la crème, les plats en sauce et le fromage à la fin des repas – et se limitant à deux verres de vin à table, bus à petites gorgées.

Porté par ses nouveaux rythmes naturels retrouvés, François, les trois premières semaines, a perdu 5 kilos. En deux mois, 10 kilos.

Son taux de cholestérol a fortement baissé, il n'est plus essoufflé, il se sent beaucoup mieux, d'excellente humeur et le risque cardiaque s'est éloigné.

Il a diminué, avec l'accord de ses médecins, ses médicaments. Il dort sans somnifères, il ronfle moins. Il lui reste 7 kilos à perdre ; il est sur la bonne voie.

Manger autrement

Grâce à ma méthode de respiration-détente, vous arrivez à table plus décontracté(e), toujours à la même heure, vous prenez votre temps. Vous êtes conscient(e) de ce qu'il se passe en vous quand vous mangez, vous connaissez les aliments qui vous sont bénéfiques et ceux qu'il convient, si possible, d'éviter grâce au tableau (page 64), vous savez l'importance de maintenir l'équilibre acides-alcalins. Vous avez observé les premières retombées positives de ce nouveau comportement : votre système neurovégétatif est en train de retrouver son équilibre, votre assimilation-élimination s'améliore, vous vous sentez mieux, plus libre, moins fatiguée, vous avez, déjà, perdu du poids.

Mais ce n'est qu'un début.

Je vais maintenant vous donner les moyens de prolonger ces effets positifs, de les rendre plus spectaculaires, afin d'arriver à une perte de poids plus importante en mangeant autrement.

J'ai déjà dit ce que je pensais des régimes alimentaires. La plupart d'entre eux permettent de perdre du poids. Mais, dans tous les cas, on reprend les kilos envolés – avec souvent quelques kilos de plus – quand on les interrompt. Pourquoi ? Parce que ces régimes provoquent des carences et des troubles tenaces souvent longs à corriger. Tous sont trop contraignants et génèrent des stress. Aucun ne prévoit de réadaptation progressive à une alimentation normale.

Or notre corps a besoin quotidiennement de chacun des aliments suivants : les protéines, les glucides, les lipides, les vitamines, les sels minéraux, les oligo-éléments, les fibres et l'eau. Il ne peut s'en passer.

LES PROTÉINES OU PROTIDES

Ce sont de grosses molécules formées d'un enchaînement d'acides aminés. Les protéines sont indispensables à la formation, au développement et au renouvellement de tous les tissus du corps. Elles sont donc d'une importance vitale, d'autant qu'elles ne sont pas stockées par l'organisme.

Elles peuvent être d'origine animale (œuf, viande, poisson, fromage, lait) ou végétale (céréales, légumes secs, graines...).

Substance même des tissus vivants, elles sont nécessaires à l'enfant pendant la croissance, et à l'adulte pour reconstituer ses cellules.

Pour maigrir, il faut consommer des protéines afin de permettre à l'organisme de brûler les graisses en préservant la masse musculaire.

On estime qu'il faut, en moyenne, 70 grammes de protéines par jour, soit 15% de notre ration alimentaire quotidienne.

Attention aux excès de protéines : danger (voir « Bannissez les régimes » page 93).

LES GLUCIDES

Ce sont les sucres, ou hydrates de carbone, composés d'oxygène, d'hydrogène et de carbone. Il y a deux sortes de sucres :

- Les sucres à assimilation rapide, constitués en gros par tous les aliments au goût sucré : sucres, pâtisseries, miel, confitures, fruits.

- Les sucres à assimilation lente, ou l'amidon des féculents et des céréales transformé en glucose par la digestion : pain, pâtes, riz, pommes de terre.

Les sucres fournissent de l'énergie aux muscles.
Ration moyenne de glucides par jour : 400 grammes, soit 50 % de notre ration alimentaire quotidienne.
Attention à l'excès de sucres rapides (coup de pompe [hypoglycémie], prise de poids).

LES LIPIDES

Il s'agit de graisses, regroupant tous les corps gras, qu'ils soient d'origine animale ou végétale.

Les lipides d'origine animale viennent du beurre, des charcuteries, des viandes et des poissons gras.

Les lipides d'origine végétale se trouvent dans les huiles, la margarine, certains fruits frais ou secs.

La qualité alimentaire des graisses dépend de la nature des acides gras qui les composent : certains ne peuvent pas être synthétisés par l'organisme ; seule l'alimentation peut les fournir.

Les graisses peuvent être stockées par l'organisme comme une réserve d'énergie, car elles participent, avec les glucides, à l'effort musculaire, dont elles sont le « combustible ».

Ration moyenne de lipides : 80 à 100 grammes par jour, soit au maximum 30% de notre ration alimentaire quotidienne. Attention aux huiles et aux graisses cuites.

LES VITAMINES

Elles n'existent plus dans l'organisme qu'à doses infinitésimales. Elles sont pourtant absolument nécessaires à son fonctionnement et, comme le corps est incapable de les « fabriquer » ni même de les stocker, sauf pour deux d'entre elles (vitamines A et D), nous devons veiller à les lui apporter par l'alimentation. Toute carence en vitamines est responsable de troubles, et chaque vitamine a une action spécifique : c'est donc à cause des vitamines surtout que l'alimentation doit être variée.

Je ne répéterai jamais assez qu'il faut éviter la prise « sauvage » de vitamines de synthèse. Cet autotraitement sans avis médical et sans analyse préalable peut avoir à la longue de graves conséquences et un effet opposé à celui recherché : congestion du foie entraînant une dysfonction de l'appareil neurovégétatif, et hyperacidité du terrain entraînant fatigue générale et prise de poids. Les vitamines de synthèse ne joueront jamais le rôle de catalyseur des « vraies » vitamines de la nature. En revanche, et bien qu'on en ait douté autrefois, on sait que la chaleur, donc la cuisson, ne détruit pas les vitamines (sauf la vitamine C), que les conserves et les surgelés les préservent en grande partie, et qu'on les trouve dans les fruits, les légumes, les yaourts, les œufs, le lait.

LES SELS MINÉRAUX ET LES OLIGO-ÉLÉMENTS

Ce sont des métaux présents à doses infinitésimales, et parfois à l'état de traces, sans lesquels un grand nombre de réactions chimiques et enzymatiques ne pourraient avoir lieu. Fer, soufre, magnésium, cuivre, or, argent, calcium, phosphore, on les connaît bien aujourd'hui et l'on sait que, comme pour les vitamines, leur carence est source de troubles graves. Car, non seulement ils sont nécessaires pour que se fassent normalement les échanges et réactions métaboliques, mais ils sont indispensables, si j'ose dire, collectivement : chacun joue son rôle, mais certains ne peuvent agir que si un ou plusieurs autres sont également présents.

Tous sont fournis, une fois encore, par une alimentation variée comportant assez de viande, de laitages, de légumes et de fruits. Il faut se méfier des suppléments chimiques absorbés sans prescription ni analyse médicales, qui peuvent provoquer des troubles en cas d'excès d'une substance ou de déséquilibre de l'une par rapport à l'autre.

LES FIBRES

Les fibres alimentaires viennent des plantes. Elles jouent un rôle important pour notre santé, leurs qualités sont diverses comme sont différents leurs effets sur notre système digestif. Elles peuvent améliorer le transit intestinal et permettent de lutter contre la constipation. Mais elles peuvent aussi provoquer des flatulences ou des irritations de la muqueuse intestinale si elles sont consommées en trop grande quantité (le son par exemple). Les légumes et les fruits non traités sont, bien entendu, toujours préférables.

L'EAU

L'eau est l'aliment le plus indispensable, et aussi le constituant principal du corps humain : nos tissus sont faits à 75% d'eau.

Nous devons en absorber 2 à 2,5 litres par jour, soit en buvant, soit en mangeant puisque tous les aliments en contiennent. (Boire de 1 à 1,5 litre de liquide par jour suffit, sauf en cas d'effort particulier.)

LE VIN : UN ALLIÉ DANS LA LUTTE CONTRE LES KILOS

Le vin renferme des éléments positifs, de la vitamine C, des oligo-éléments (potassium, calcium, magnésium, sodium) et des sels minéraux.

Il doit être bu de façon modérée (un verre, deux maximum, par repas), il apporte une détente psychologique, et accélère le processus de la digestion. Pris au milieu du repas, il a la vertu de faciliter le transit intestinal, d'éliminer les toxines, jouant de la sorte un rôle non négligeable dans le processus de l'amaigrissement.

LES MÉDICAMENTS POUR MAIGRIR DÉTRUISENT LA SANTÉ DU VENTRE

Beaucoup tentent de compenser eux-mêmes, sans avis médical, les carences d'une alimentation insuffisante ou mal équilibrée, en avalant des compléments chimiques (vitamines). C'est une très grave erreur car on intoxique foie, reins, rate. On dérègle la thyroïde et tout le système hormonal. On se trouve dans un état d'hyper, ou d'hypo-excitabilité. Tout le métabolisme de l'assimilation-élimination est alors perturbé.

Certains médecins prescrivent à leurs patients des extraits thyroïdiens. Ces doses ont pour effet de mettre la thyroïde au repos. Ce qui est inutile et dangereux si cette glande est normale cliniquement et biologiquement. D'autre part, ces extraits thyroïdiens augmentent la glycémie, donc le diabète, fatiguent le foie, dérèglent l'humeur et peuvent même être à l'origine de problèmes cardio-vasculaires. Le docteur Albert-François Creff, mon professeur à l'hôpital Saint-Michel a écrit : « On peut et on doit maigrir sans remède », et : « Dans des conditions normales, aucun médicament ne fait maigrir. » Attention donc à certains « prescripteurs » qui associent toutes les possibilités médicamenteuses en un cocktail parfois redoutable ! Une alimentation bien dosée, variée, bien choisie, doit, sans aide extérieure, vous apporter la totalité de l'énergie dont vous avez besoin pour enrichir vos cellules et rétablir la santé de votre ventre.

ATTENTION AUX TRANQUILLISANTS ET AUX ANTI-DÉPRESSEURS

Dans certains cas médicalement diagnostiqués, ils permettent de franchir une étape difficile. Mais, malheureusement, on s'y habitue. On a une tendance, aujourd'hui, à les utiliser lors de difficultés mineures car, de plus en plus souvent, on cherche à esquiver les problèmes et on se réfugie dans le médicament. Ils font partie de la vie. On doit impérativement à la longue, arriver à les supprimer, au profit d'une alimentation naturelle, d'une bonne oxygénation et d'une activité physique modérée. C'est à ce prix qu'on restera en bonne santé psychologique et physique. Vous l'ignorez peut-être, non seulement les tranquillisants ralentissent les fonctions du système nerveux, mais aussi, par voie de conséquence, la fonction neurovégétative qui s'encrasse, entravant le processus de l'assimilation-élimination.

Résultat : fermentation immédiate d'où prise de poids.

Impossible de dénombrer les patients qui, sous tranquillisants, ont suivi ma méthode et ont réussi, avec l'approbation de leur médecin, à supprimer totalement leurs médicaments.

Maigrir à table

Vos nouvelles habitudes alimentaires n'ont de sens (et d'utilité) que si elles s'accompagnent d'un plaisir permanent à table. Ce plaisir commence le matin par le petit déjeuner.

LE PETIT DÉJEUNER DE L'AMAIGRISSEMENT

Vous ne commencerez plus jamais par du liquide (café, thé, lait, jus de fruits ou de légumes, chocolat) ou du semi-liquide (yaourt, yaourt allégé, fromage blanc, céréales additionnées de lait, etc.).

Commencez par du solide :
- pain complet ou de campagne,
- et une protéine : œuf, jambon, blanc de poulet, fromage...

Les protéines consommées le matin évitent l'attirance vers le sucré.

Quatre raisons pour commencer par du solide :
- Le solide, croqué au lieu d'être bu, rassasie.
- Le solide déclenche moins de sécrétions gastriques que le liquide.

- Le solide joue un rôle de filtre et d'éponge pour tous les liquides, ou semi-liquides, que vous avalez ensuite.
- Les liquides ou semi-liquides pris à jeun diluent trop vite le bol alimentaire, constituent une agression au niveau de l'estomac, ouvrent trop vite le pylore, accélèrent la descente des sucs digestifs dans le duodénum et l'intestin, perturbant la sécrétion des sucs bilio-pancréatiques. D'où fatigue, fermentation et prise de poids.

Éliminez toutes les saveurs sucrées

Cela va vous choquer, mais vous vous y ferez très vite, et d'autant plus facilement que les effets de cette suppression radicale sont évidents, spectaculaires : sensibles en quarante-huit heures.

- Écartez donc les aliments au goût sucré : viennoiseries, pâtisseries, céréales...
- Éliminez aussi les confitures, les fruits cuits, les compotes, même maison, le miel, les jus de fruits, les jus de légumes.

Les petits déjeuners servis dans les hôtels, les avions, les trains et même dans les hôpitaux sont des défis à la bonne santé par l'accumulation d'aliments acidifiants ou sucrés : jus de fruits, café, café au lait, thé, thé au lait ou au citron, lait, céréales, croissants, brioches, confitures, miel...

Ils contribuent à nous rendre malades et à nous faire grossir.

Le petit déjeuner de l'amaigrissement est :

- appétissant ;
- consistant ;
- sans saveur sucrée ;
- à base de glucides et de protéines.

La veille

- Pensez la veille avant de vous coucher à mettre le couvert à table : assiette, couteau, fourchette pour manger du solide ; tasse ou bol pour le liquide.
- Considérez le petit déjeuner comme un vrai repas, en vérité le starter de l'amaigrissement. Il doit fournir à l'organisme 25 % des apports énergétiques de la journée ou plus, suivant votre activité.

Le matin

- La combustion de l'amaigrissement commence le matin : votre système neurovégétatif doit avoir des aliments à brûler dès le réveil ; sinon il fonctionnera au ralenti pendant la journée, bloquant la bonne élimination des déchets et toxines, créant fatigue physique et psychologique.
- Le petit déjeuner vous permet de régler votre horloge biologique, de retrouver des rythmes naturels. De son équilibre dépend la régulation instinctive des autres prises alimentaires de la journée. C'est avec

un petit déjeuner bien conçu, pris dans la détente, que se poursuit le processus d'amaigrissement.
- Prenez le petit déjeuner vingt minutes à une demi-heure après le réveil, assis(e), même au café.

Mon petit déjeuner de l'amaigrissement a aussi des effets de guérison inattendus sur les rhumatismes, les états de fatigue, de déprime, les rhino-pharyngites, l'asthme, le psoriasis, les allergies, l'eczéma et, dans de nombreux cas, il a stoppé des poussées d'herpès. Je suis certain que ces guérisons sont directement liées à la baisse du taux d'acidité, facteur de putrescence intestinale et d'indigestion chronique, et à un meilleur état nerveux.

Ce qu'il ne faut pas faire
- Prendre le petit déjeuner au saut du lit : l'organisme n'est pas prêt. Les voies bilio-pancréatiques sont paresseuses.
- Prendre le petit déjeuner au lit dans une position plus ou moins confortable, penché en avant. Le muscle transverse, comprimé, ralentit la fonction de l'estomac et des sucs bilio-pancréatiques.
- Boire de l'eau à jeun, comme certains le préconisent. L'eau entraîne dans l'estomac les impuretés et les sécrétions acides gastriques de la bouche fabriquées pendant la nuit; l'eau déclenche une hypersécrétion des sucs digestifs, sans rien à broyer dans l'estomac d'où une prise de poids sans aliments.

Ce qu'il faut manger

❑ *Le pain*

- **Une ou deux tartines de pain, en alternant dans la semaine :**
- pain complet
- pain aux céréales
- pain de campagne
- pain de seigle

Évitez de le faire griller, cela augmente son acidité. La partie calcinée est aussi nocive que le tabac, ouvre le pylore trop rapidement et augmente l'envie de consommer.

Variez les pains, car seule votre expérience d'une bonne digestion sans désagréments (ballonnements, constipation...) peut vous renseigner sur la nature du pain qui vous convient le mieux (les bons diététiciens et nutritionnistes seront de mon avis). Et, si vous ne trouvez pas « votre pain » dans la boulangerie la plus proche, changez de boulangerie.

Le pain est un élément de base de notre alimentation, c'est un sucre lent, comme les pâtes, le riz, la semoule. Contrairement à ce que l'on dit souvent, le pain ne fait pas grossir. Il est très digeste si on le mastique bien. La mie de pain blanc, le pain trop frais chaud et grillé, le pain de son sont néanmoins plus lourds à digérer. Je les déconseille. Je préfère le pain légèrement rassis, il apporte des glucides à digestion lente, mais aussi des protéines et des vitamines du groupe B.

Sur votre pain, mettez un peu de vrai beurre.

Évitez la margarine ou le beurre allégé (moins digestes).

Même pour ceux qui veulent perdre du poids, le beurre est indispensable à l'organisme. Il contient certains acides gras et la vitamine A précieuse pour le tonus de la peau et pour les yeux.

Vous digérerez sans problème une tartine beurrée, ce qui ne sera pas le cas avec une tartine de miel, de confiture ou de pâte à tartiner (voir pages 236, 237).

❑ *Les protéines*

Mangez une protéine différente chaque jour.

• **Un œuf de ferme à la coque,** poché, brouillé, en omelette ou au plat, surtout pas d'œufs frits ni durs (très indigestes le matin, mais aussi dans la journée, car les sucs digestifs ont du mal à les attaquer).

Deux ou trois œufs par semaine n'augmenteront jamais votre taux de cholestérol, contrairement à certains avis. Vous pourrez ajouter à vos préparations des herbes aromatiques : ciboulette, persil... (voir les herbes aromatiques, page 223).

ou **Une viande blanche :**
blanc de poulet, de pintade, de dinde.

ou **Une tranche de jambon maigre**
(évitez les jambons fumés, trop salés, et les charcuteries).

ou **Une portion de poisson maigre**
(évitez les poissons fumés, trop salés, ou les poissons à l'huile).

ou **Une portion de fromage à pâte cuite :**
beaufort, comté.

ou **Une portion de fromage de chèvre sec**
(évitez les fromages frais, gras ou fermentés : roquefort, brie, camembert...)

ou **Un yaourt nature**
(évitez les laitages sucrés ou additionnés de confiture, fruits...)

❑ *Les fruits*

Mangez des fruits chaque jour.

• **Un fruit frais de saison :** pomme ou poire, pêche ou brugnon, que vous éplucherez. Une grappe de raisin, des cerises, que vous laverez.

Évitez les jus qui vous privent de la pulpe du fruit.

ou **Un fruit sec en petite quantité :**
noisettes, amandes, figues, etc.

Un fruit est beaucoup plus digeste qu'un jus. Choisissez un seul fruit mûr (moins acide), de saison, pas trop farineux, que vous éplucherez.

Vous le consommerez après le repas, en le mâchant bien pour le rendre plus digeste grâce à l'action de la salive.

De cette façon, l'acidité du fruit sera mélangée dans le milieu acide de l'estomac, provoquant beaucoup moins de dégâts car le système neurovégétatif est au maximum de son rendement.

Lorsque vous serez arrivé à votre poids de forme, après stabilisation, vous pourrez, si vous en éprouvez le goût, consommer un fruit, ou boire un jus de fruits, le matin, mais à la fin de votre petit déjeuner (à la condition de presser le fruit au dernier moment et de le boire très lentement).

Ce qu'il faut boire

Buvez ni trop chaud ni glacé, à petites gorgées, en petite quantité, et surtout après avoir mangé.

- **Une boisson à base de chicorée**

ou **Une boisson à base de céréales**
ou **Une infusion**
ou **Un thé vert**

Évitez les infusions irritantes, amincissantes, laxatives, ou les mélanges sauvages. Choisissez systématiquement des infusions de fleurs ou de plantes calmantes : verveine, tilleul, camomille, ou, une à deux fois par semaine, mon cocktail : un tiers romarin, un tiers thym, un tiers sauge.

Si possible, ne sucrez pas, ou ne prenez pas plus d'un sucre.

Chaque plante a des propriétés spécifiques et, si on admet que bien utilisées elles sont un bon moyen d'hydratation et que souvent elles soignent, il faut aussi admettre que, prises dans de mauvaises conditions, elles peuvent provoquer l'effet inverse. On ne compte pas les irritations, diarrhées, brûlures, déminéralisations, gastrites dues à une utilisation inconsidérée de plantes ou de fleurs sous prétexte que tel « auteur » célèbre en avait fait l'éloge.

Écartez le lait et les produits laitiers s'ils sont indigestes pour vous (voir page 213).

Évitez pendant toute la période d'amaigrissement les petits déjeuners à base de céréales et de laitages.

Écartez le café, le café au lait, le thé, thé au lait, thé citron (voir page 136).

Si vous ne pouvez pas vous passer de votre sacro-saint café ou thé, buvez une seule tasse nature (sans lait ni citron) à la fin de votre petit déjeuner. Mais, si possible, alternez en choisissant un jour sur deux une boisson conseillée.

Je suis sûr que, le jour sans thé ou sans café, vous sentirez une grande différence sur le plan nerveux et au niveau de la digestion.

Pour les éternels retardataires

Si le réveil n'a pas sonné ou si vous vous êtes rendormi pour gagner une demi-heure de sommeil, vous allez partir en catastrophe, sans prendre le petit déjeuner. Vous faites sans doute partie des gens toujours en retard et, sans le savoir, vous souffrez d'un sentiment de culpabilité. Ce sentiment va augmenter tout au long de la journée l'acidité de votre bol alimentaire, facteur de prise de poids immédiate et continue (avec un réveil vingt minutes plus tôt, tout aurait changé, et votre poids aussi).

Si vous ne pouvez pas faire autrement, emportez quelques tartines de pain aux céréales ou de pain complet avec un peu de blanc de poulet, une tranche de jambon ou de fromage. Vous mangerez cet en-cas sur votre lieu de travail. Sachez que boire n'est pas impératif au petit déjeuner, surtout s'il s'agit de café, d'une tasse de thé ou de jus de fruits. Le café ou le thé à jeun sont de véritables poisons, encore plus dangereux s'ils sont avalés en état de stress. Si vous ne pouvez pas vous en passer, mangez d'abord, détendez-vous, et buvez.

Pour les sportifs, les travailleurs de force et les intellectuels

Un des meilleurs petits déjeuners pour maigrir et rester en grande forme :

Un bol de riz blanc ou complet avec une noisette de beurre.

ou

Une assiette de pâtes, complètes ou non, avec une noisette de beurre, et parfumées d'herbes aromatiques (basilic, ciboulette, coriandre, persil) et, si vous avez le temps, ajoutez-y quelques légumes cuits à la vapeur.

L'excès de sucre fait grossir à tout âge

J'attire votre attention sur cette erreur classique, aux effets pervers sur le poids. C'est, malheureusement, un risque auquel on expose, par légèreté ou ignorance, des enfants naturellement gourmands, qui présenteront plus tard, si ce n'est pas déjà le cas, un dérèglement du métabolisme et une disgracieuse, et souvent dangereuse, surcharge pondérale, pouvant aller jusqu'à l'obésité. Cas très fréquent aux États-Unis, où la consommation de sucre est considérable, et depuis peu en Asie.

La spirale du sucre commence dès le matin au petit déjeuner : excitant ou boisson lactée, sucrée, croissant ou brioche, miel, confiture...

Dans la matinée, petit coup de pompe, émotion, on va à la boulangerie ou au café : confiserie, chocolat ou pain au chocolat. Café ou thé sucré.

À midi, pas d'appétit pour le plat principal, on repousse les protéines, les légumes...

Grignotage : pain et beurre et dessert (encore du sucre !) et on boit une boisson gazeuse à base de cola, limonade, jus de fruits. Plus un café et une cigarette !

Dans l'après-midi, énervement, contrariété, coup de pompe et fatigue, manque de concentration.

On mâchonne des chewing-gums, des réglisses, des bonbons, on donne rendez-vous à une copine pour boire un thé et on mange une petite pâtisserie appétissante (toujours du sucre).

Le soir, de grignotage en grignotage pour l'apéritif – cacahuètes, biscuits –, on passe à table vraiment écœuré, sans faim, fatigué, ballonné...

Et dans la nuit, transpiration, cauchemars, angoisse, insomnie pour cause de fermentation et de lourdeur. Le matin, réveil difficile.

Vous trouverez peut-être cette description un peu caricaturale, mais pour moi elle est à peine exagérée.

Et vous comprendrez pourquoi il est grand temps de prendre un bon petit déjeuner sans sucre pour rentrer dans le rythme des repas à heures régulières, échapper à cette prise de poids catastrophique et obstinée.

Café ou thé : les faux amis du matin

Sur le tableau des aliments acidifiants de la page 64, le café et le thé figurent en première ligne. Cela vous inquiète. Je suis habitué à votre réaction : « Mon café ! Mon thé ! Jamais je ne pourrai m'en passer », m'ont dit de nombreux patients.

Rassurez-vous, il n'est pas question de supprimer ce sacro-saint café ou l'incontournable thé, mais simplement de les consommer en petite quantité, d'une façon plus judicieuse, qui ne sera pas néfaste pour votre santé.

J'ai souvent décrit dans mes livres les dommages que café et thé pris en grande quantité causent à l'organisme.

Stimulants, ils sont un antidote à la fatigue et procurent, pendant un temps très court, énergie et sensation de bien-être. Il y a – hélas – des retombées négatives, comme l'insomnie, des palpitations dues à l'accélération des battements du cœur... Et cette surexcitation provoquée est souvent suivie d'épuisement. On reprend alors un autre petit café, ou un thé, pour à nouveau se stimuler, et c'est l'engrenage. Or...

Thé et café peuvent être responsables d'une augmentation de l'émotivité, de l'anxiété et de l'agressivité.

On leur doit une hyperfonction des glandes, organes et viscères, qui entraîne, car ce sont de puissants diurétiques, une trop grande élimination des sels minéraux et oligo-éléments par les urines et par la transpiration.

Ils peuvent être à l'origine de diarrhées, car ils irritent la muqueuse intestinale, ou de constipation.

Dans les pays chauds, le café et le thé augmentent la température du corps, déclenchant une sudation qui permet d'éliminer plus rapidement leurs effets nocifs. Ils sont mieux supportés que dans les pays tempérés.

Ils provoquent une hypersécrétion des glandes stomacales, déclenchant des brûlures, des aigreurs, des maux d'estomac, qui peuvent à la longue entraîner des gastrites.

Consommés en grande quantité :

- ils entraînent une surconsommation insidieuse de sucre ;
- ils créent un spasme qui ouvre le pylore ;
- ils déclenchent une hyperfonction des sucs biliopancréatiques, provoquant une colopathie fonctionnelle ;
- ils coupent l'appétit, et c'est aussi pour cette raison que je les déconseille à jeun.

Café et thé ne doivent jamais être bus à jeun : ce sont de faux amis, de faux starters.

Par expérience, je sais qu'il est difficile (parfois impossible) de supprimer café ou thé du jour au lendemain. Je suis conscient qu'il s'agit souvent d'habitudes ancrées au plus profond de soi-même.

Dans ce cas, agissez par ruse : contentez-vous d'une demi-tasse de café ou de thé à la fin du petit déjeuner starter et d'une demi-tasse après le déjeuner. Ainsi vous profiterez au maximum des qualités digestives et stimulantes du café et du thé, et vous échapperez à leurs méfaits.

Notez que le café arabica est moins riche en caféine que le robusta. Et que le thé ne doit jamais infuser plus de trois à quatre minutes : au-delà de ce temps, le pourcentage de théine (équivalent de la caféine) augmente considérablement.

Je vous conseille donc dans tous les cas d'alterner café, thé et chicorée, laquelle est un stimulant naturel régénérateur du système neurovégétatif, aide à éliminer les graisses et à digérer, et calme le système nerveux central.

La chicorée est une des boissons idéales pendant votre période d'amaigrissement, avec les infusions et le thé vert.

Encore pire : le café au lait

Au moment de la digestion, le lait mélangé au café se transforme en grumeaux durs très difficiles à digérer. Certains estomacs ne le tolèrent pas et réagissent par des malaises, des nausées, des flatulences, des perturbations du bol alimentaire, entraînant une indigestion chronique, facteur de gros ventre, et de prise de poids.

Trop d'enfants, qu'il faudrait protéger des méfaits du café au lait, le prennent le matin à l'instar de leurs parents.

Jus de fruits ou jus de légumes

Le jus représente une partie déséquilibrée du fruit ou du légume : la pulpe ou les fibres importantes pour une bonne digestion sont éliminées. Pour obtenir un verre plein on utilise plusieurs fruits ou légumes. Or, il est très rare de manger quatre ou cinq fruits dans la foulée; le jus procure une partie déséquilibrée de quatre à cinq fruits ou légumes.

Les jus en vente dans le commerce, les sirops, les limonades, au goût acidulé, masquent leur acidité par l'adjonction d'une grande quantité de sucre. Les jus sont souvent très concentrés et peuvent provoquer de graves troubles digestifs (jus de tomate...). De façon plus dramatique, comment ne pas penser à la cirrhose du foie provoquée chez un sujet qui n'avait jamais absorbé une goutte d'alcool par l'absorption quotidienne de jus de carotte!

MAIGRIR EN SUPPRIMANT CAFÉ ET JUS DE FRUIT À JEUN

Georges, 43 ans, + 30 kg
Marié, cuisinier

Comme beaucoup de chefs de cuisine, Georges mangeait trop, irrégulièrement et toujours debout, sur le pouce. Il se sentait de plus en plus essoufflé, fatigué, nerveux, les jambes lourdes. Diriger la brigade de cuisine, 40 employés, devenait un problème.

Du jour au lendemain, Georges a mis en pratique ma méthode, arrêtant le grignotage, mangeant lentement à des heures régulières, avec son personnel avant le service, supprimant l'alcool sauf deux verres de vin au déjeuner de famille du dimanche. Il a, en même temps, proscrit les plats en sauce, les beurres cuits, les farines blanches, les pâtisseries, le fromage à la fin des repas.

En six mois, Georges a perdu vingt-cinq kilos sans avoir jamais faim, se nourrissant de volailles, poissons, viandes grillées, légumes et fruits frais et une tartine de pain par repas et souvent un sorbet comme dessert.

Les derniers 5 kilos furent les plus difficiles à perdre. Il y parvint en deux mois avec beaucoup de volonté; mais il n'arrivait pas à se maintenir à son poids de forme. Il reprenait 3 kilos, en perdait 2, en reprenait 4, etc.

Il m'appela découragé. Je lui démontrai que le responsable était son petit déjeuner composé depuis toujours d'un café noir puis d'un jus de pamplemousse – agressant à jeun, par leur trop forte acidité, la paroi de l'estomac et déréglant son système neurovégétatif. Je lui fis comprendre l'importance de mon petit déjeuner solide, écran protecteur des parois de l'estomac.

Il prendrait dorénavant une ou deux tartines de pain beurrées avec une protéine à varier chaque jour : fromage, œuf ou charcuterie dont il est friand. Puis un fruit de saison à la place de son jus de fruit – et seulement ensuite son café dont il ne peut se passer.

Ce petit déjeuner starter de l'amaigrissement eut raison de ses 5 derniers kilos. Son ventre guéri, il stabilisa définitivement son poids idéal.

LA COLLATION DE 10 HEURES OU DE 16 H 30

Pour maigrir, il importe de ne jamais avoir faim. C'est pourquoi, en cas de dépense physique ou intellectuelle importante, je conseille dans les intervalles des trois repas quotidiens réguliers une ou deux collations supplémentaires.

Attention, il ne s'agit pas d'une habitude alimentaire, mais d'une réponse à une dépense d'énergie particulière, ou éventuellement, à un stress violent. On peut aussi se permettre une collation si, par exemple, on prend son petit déjeuner très tôt, et que le temps jusqu'au déjeuner dépasse nettement les cinq heures (même chose si le dîner est tardif). On fera patienter l'organisme, on évitera le fameux coup de pompe (hypoglycémie), réaction enclenchée par la sécrétion d'insuline, qui abaisse le taux de sucre dans le sang, augmente l'acidité, attaque la muqueuse intestinale et engendre une soudaine impression de fatigue.

Pour combattre l'hypoglycémie, il faut absorber des glucides sous forme de sucres lents – et surtout pas de sucres rapides (pâtisseries, confiseries, miel, confitures), qui ne donnent que l'illusion d'avoir calmé la faim. Avec les sucres rapides, l'effet est bref, car une nouvelle réaction insulinique se produit très vite, et on entre dans le cercle sans fin, la spirale du sucré (voir page 134) et des produits lactés sucrés : c'est la prise de poids assurée.

En conséquence, la collation ne doit comprendre aucun produit laitier liquide ni semi-liquide, aucun aliment au goût sucré, nul substitut de repas, si nombreux en pharmacie (fuyez-les !). Faites appel, au contraire, à votre mémoire d'enfant, rappelez-vous les tartines de vos goûters.

❑ *Je vous conseille :*

• **Une tartine de pain avec un carré de chocolat noir** (surtout pas de chocolat fourré, au lait, blanc ou additionné d'amandes, de noisettes, de fruits secs, ni de barre chocolatée).

ou **Une tartine de pain avec un morceau de fromage à pâte cuite ou du fromage de chèvre**

ou **Un blanc de poulet**

ou **Une tranche de jambon**

ou **Une banane écrasée sans sucre** (particulièrement alcalinisante)

La collation vous permet de rester dans le rythme de vos repas, de ne pas dérégler votre horloge biologique, d'éloigner la tentation du grignotage et la boulimie. Elle a aussi la vertu de calmer l'angoisse, la frustration, la colère, le sentiment de culpabilité... Croyez-moi, elle joue un rôle bénéfique que n'apportent pas les excitants – thé, café, alcool, tabac – ni les calmants qu'on est tenté de prendre dans des circonstances émotionnelles particulières. (Café et thé, comme les boissons à base de cola, sont un facteur supplémentaire d'encrassement de l'appareil digestif responsable de fermentations intestinales, de perturbations du sommeil – et de prise de poids.)

Je suis partisan de la collation pour maigrir – à la condition qu'elle ne devienne pas une habitude. Que ceux qui n'ont pas d'efforts à produire, qui sont à l'abri des stress, des émotions fortes, des grandes déceptions, oublient ce qu'ils viennent de lire.

LE DÉJEUNER

À la maison ou à l'extérieur (restaurant, cantine, self, bar, etc.), évitez les pièges et contrôlez l'équilibre de vos menus en vous reportant aux tableaux des aliments alcalinisants et acides ou des aliments de remplacement.

Préférez toujours la qualité à la quantité (trop riche, trop sucré, trop gras) et, dans la mesure du possible, variez votre alimentation, votre organisme y trouvera ainsi tout ce qui lui est nécessaire, et il éliminera mieux.

À la maison, inspirez-vous des suggestions des menus (page 238) et des recettes (page 247).

Avant toute chose, je m'oppose vivement :

- à tous les substituts de repas lactés salés ou sucrés vendus en pharmacie ;

• à tous les régimes qui privilégient une seule catégorie d'aliments, induisant ainsi un dérèglement des sucs gastriques et des sucs bilio-pancréatiques par une production insuffisante ou excessive.

Ces substituts de repas et ces régimes entraîneront rapidement une mauvaise assimilation des aliments et une mauvaise élimination des déchets et toxines, pour toujours aboutir à une prise de poids (même si dans un premier temps on voit disparaître quelques kilos).

• **Comme chaque repas, le déjeuner doit commencer par du solide.**

– Écartez tous les apéritifs, alcoolisés, gazeux, à base de jus de fruits ou de jus de légumes, ainsi que les biscuits, cacahuètes, amandes, fruits secs et autres amuse-gueule.

– Ne buvez pas d'alcool à jeun.

– Surtout, ne mélangez pas les alcools (champagne + blanc + rouge) !

À table, quand vous aurez commencé à manger, vous pourrez boire : d'une part un verre de bon vin de votre choix, en écartant les vins acides, trafiqués, et d'autre part un verre d'eau minérale – pas plus –, que vous boirez à petites gorgées.

• **Mangez à chaque repas : des glucides, des protides et des lipides.**

L'aliment de base de votre déjeuner sera : un protide ou un glucide.

À ce choix, vous ajouterez :

• **Un glucide en petite quantité**
ou
Un protide en petite quantité

• **Un peu de lipides**

• **Un légume cuit**
ou
Une crudité

Variez vos aliments de base

Un jour, privilégiez en quantité les protides, un autre jour, les glucides, suivant vos goûts et les propositions du self, de la cantine ou du restaurant où vous déjeunez, une attirance particulière vers un menu qui vous fait envie.

Diminuez, sans les supprimer, la quantité de glucides si vous avez choisi les protides, et vice versa.

Au déjeuner, les sucres lents (glucides) sont excellents; ils apportent l'énergie nécessaire pour l'après-midi. Vous aurez moins d'appétit le soir et dînerez plus légèrement, en privilégiant cette fois les protéines, qui vous assureront un bon sommeil.

❑ *Premier exemple*

Base : un glucide à volonté.

C'est-à-dire un plat de pâtes ou de riz ou de pommes de terre.

PLUS

- Une protéine en petite quantité : poisson ou poulet, viande blanche ou jambon maigre.

PLUS

- Un légume cuit ou une crudité que vous mangerez au milieu ou à la fin du repas.

PLUS

- Une noix de beurre pour le légume ou un peu d'huile première pression pour la salade.

PLUS

- Des herbes aromatiques à volonté.

❑ *Deuxième exemple*

Base : un plat de protéines à volonté.

Poulet, poisson, viande blanche ou viande rouge.

PLUS

- Un glucide en petite quantité : une tranche de pain ou une pomme de terre, ou deux à trois cuillerées de riz, ou deux à trois cuillerées de pâtes.

PLUS

- Un légume cuit ou une crudité, que vous mangerez au milieu ou à la fin du repas.

PLUS

- Une noix de beurre pour le légume ou un peu d'huile première pression pour la salade.

PLUS

- Des herbes aromatiques à volonté.

Réservez le fromage pour le petit déjeuner. Je dis souvent que manger du fromage à la fin d'un repas équivaut à manger deux fois et ralentit la digestion.

Ne vous privez pas de dessert

Mais soyez raisonnable, écartez les desserts à base de farine blanche (même les pâtisseries maison), les desserts avec de la crème, du sucre, du lait et les desserts alcoolisés.

Préférez :

- Un fruit de saison mûr (il est moins acide), que vous éplucherez et mâcherez doucement.
- Une salade de fruits sans alcool ni sucre, en évitant la poire (lourde à digérer).
- Un sorbet naturel, sans ajouter de crème chantilly, de confiture, de sirop, de fruits secs ou de petites pépites et graines colorées et sucrées à tous les parfums.
- Un yaourt nature.
- Une mousse au chocolat maison sans sucre ni farine.

- Une crêpe au sarrasin (blé noir), à la condition ce jour-là d'éviter tout autre glucide (sucre lent) au même repas.

Après le déjeuner

Pour favoriser le processus d'une bonne digestion :

- Si vous avez déjeuné à la maison, rangez la cuisine et faites la vaisselle.
- Passez-vous les mains et les avant-bras à l'eau tiède pendant deux ou trois minutes, surtout pas d'eau froide, qui coupe la digestion.
- Brossez-vous les dents, même sans dentifrice (il est facile d'avoir sa brosse dans son sac ou sa serviette), car le brossage des dents accélère le processus d'une bonne digestion et stimule de nouveau les glandes salivaires ; votre salive va encore accélérer le processus d'une bonne digestion. Si on garde entre les dents des résidus de nourriture, même imperceptibles, la salive va insensiblement s'acidifier, donc perturber la digestion.
- Évitez de vous allonger ou de vous assoupir dans un fauteuil.
- Faites une marche de dix à trente minutes.
- Évitez, après le déjeuner, les sports violents, les sauts, la course, la gymnastique... Il faut attendre deux heures au moins après le repas pour pratiquer un sport. Trois heures s'il s'agit d'un sport violent.

LE DÎNER

Dînez tôt, c'est-à-dire deux heures environ avant d'aller au lit. Si vous vous couchez à 22 heures, dînez au plus tard à 19 h 30. Si vous vous couchez à minuit, dînez vers 21 h 30. Vous aurez ainsi le temps de bien digérer. Il faut que les aliments soient sortis de l'estomac et bien assimilés au niveau du duodénum avant de s'allonger et de s'endormir.

Attention aux potages, soupes et bouillons le soir. Ils diluent le bol alimentaire et accélèrent la descente des sucs digestifs dans les intestins. Ils sont souvent trop chauds. Ils procurent des ballonnements, de l'aérophagie et un ralentissement de la digestion. Beaucoup de mes patients en quête d'amaigrissement, en supprimant le potage, gagnent une heure trente à deux heures de sommeil moins agité. Les potages dilatent l'estomac et font grossir : on ne se sent pas rassasié et on est tenté de manger davantage (plus tard, on souffrira de ballonnements et de gaz).

Les potages sont souvent préparés à l'avance et pour plusieurs jours; comme les légumes, qui doivent eux aussi être consommés dès qu'ils sont cuits, les potages s'oxydent, deviennent acides et toxiques.

C'est vrai également pour les bouillons de viande comme le bouillon de pot-au-feu qui, même dégraissé, est souvent conservé pour le lendemain.

Votre dîner sera composé comme le déjeuner. Mais il sera plus léger.

Vous commencerez toujours par du solide.

L'aliment de base de votre dîner sera soit un glucide, soit un protide.

❑ *Exemple*

Base : un plat de protéines à volonté. Du poisson, de la volaille, de la viande blanche.

Évitez la viande rouge, qui est un aliment excitant, et les œufs le soir. (Et sachez que les protéines contiennent un acide aminé, le tryptophone, qui est le précurseur de la sérotonine, hormone du sommeil.)

PLUS

- Un glucide en petite quantité : trois cuillerées de pâtes ou de riz ou une demi-pomme de terre.

PLUS

- Un légume cuit (au milieu ou à la fin du repas) ou une salade verte.

PLUS

- Une noix de beurre pour le légume ou de l'huile première pression pour la salade.

PLUS

- Des herbes aromatiques fraîches à volonté.

Vous éviterez toutes les mayonnaises, la crème fraîche et les sauces lourdes à digérer (alcoolisées par exemple ou additionnées de farine).

Pendant le repas, si vous avez soif, buvez :

- Un verre de vin rouge (s'il n'est pas acide il favorise le sommeil).
- Un peu d'eau minérale (un verre seulement, pour éviter de vous lever plusieurs fois dans la nuit).

Votre dîner peut s'arrêter là.

Si vous ne pouvez pas vous passer de dessert, choisissez :

- **Une compote maison,** préparée juste avant le dîner et consommée chaude ou tiède, jamais froide (trop acide, elle stopperait le processus de la digestion).

ou **Un fruit frais de saison mûr,**
que vous éplucherez et mâcherez doucement (la pomme favorise la digestion).

ou **Un sorbet sans crème ni sirop**

ou **Une mousse au chocolat**

ou **Un yaourt nature**

Évitez :

- Le café ou le thé le soir (ce sont des excitants). Préférez une demi-tasse de tisane calmante : verveine, tilleul, camomille ou fleur d'oranger.
- Sous prétexte d'améliorer le transit intestinal et

de « guérir » votre constipation, les tisanes laxatives ou amincissantes. Ces tisanes provoquent l'inverse de l'effet escompté en enflammant les côlons et, souvent, le simple fait de les supprimer rétablit un excellent transit intestinal.

- Le lait chaud sucré ou avec du miel, dont on prône parfois les vertus calmantes et qui fait grossir !
- Et enfin, bien sûr, le tabac et les digestifs.

Arrêter de fumer sans grossir

Je ne surprendrai personne en signalant les méfaits du tabac. Pour la plupart des fumeurs, le risque majeur concerne les appareils respiratoire et cardiovasculaire. Mais, et c'est beaucoup moins connu, il s'étend aussi aux processus de la digestion, car il perturbe le système neurovégétatif.

D'abord, la fumée affecte notre sensibilité gustative en insensibilisant les papilles situées sur la langue. Cette neutralisation du goût diminue l'appétit et détériore notre comportement alimentaire. Ensuite, le tabac détruit presque totalement la vitamine C des aliments et 50% des autres vitamines. Aucune vitamine de synthèse, aucun « cocktail » artificiel ne peut remplacer une telle perte, qui se traduit inévitablement par des carences dramatiques, avec pour effet secondaire un déséquilibre du système nerveux, un surmenage, une surstimulation, qui provoquent nervosité, irritabilité, agressivité, sautes d'humeur et fatigue générale.

Fumer une cigarette avant de se mettre à table ou pendant le repas entraîne un spasme du pylore, qui s'ouvre, laissant passer dans le duodénum, qui n'est pas préparé, un flux acide provenant de l'estomac.

La cigarette joue alors le rôle de vidange de l'estomac, déréglant tout le processus d'une bonne assimilation-élimination.

Si vous êtes fumeur invétéré, essayez d'éviter de fumer à table : non content de vous empoisonner, vous empoisonnez les autres, et surtout les enfants, qui respirent eux aussi la fumée de vos cigarettes !

Attendez cinq à dix minutes après la fin du repas pour allumer une cigarette afin de l'apprécier avec plaisir sans culpabiliser. La solution la moins désastreuse est de fumer en dehors des repas, les sécrétions acides sont alors beaucoup mieux supportées par l'estomac.

N'avalez pas la fumée : vous limiterez les risques.

COMMENT ARRÊTER DE FUMER SANS GROSSIR

Il est reconnu qu'un groupe de fumeurs est en moyenne plus maigre qu'un groupe correspondant de non-fumeurs (environ cinq kilos de différence). D'où la crainte chez un grand nombre de fumeurs de prendre du poids en arrêtant de fumer.

On arrive même au paradoxe suivant : certaines personnes, pour garder la ligne, se mettent à fumer au détriment de leur santé et de leur humeur.

Si vous arrêtez de fumer, la pratique régulière de ma méthode de respiration (voir page 23) est un moyen efficace pour éviter le surpoids en régularisant l'appétit.

80% de mes patients fumeurs qui ont suivi ma méthode se sont arrêtés d'eux-mêmes après quelques semaines. Sans ressentir de manque. Et ils ont maigri.

Une minorité a pris du poids. Il était clair que ces patients-là se mettaient à manger immodérément, pour combler un vide : celui de la cigarette. Il est exact que la nicotine coupe la faim. Si on cesse de l'absorber, la sensation de faim se fait plus fréquente, plus pressante. On mange plus. On mange trop.

C'est facile à comprendre : le fumeur manque de vitamines, de sels minéraux, d'oligo-éléments; son organisme est déminéralisé et acidifié. Ses systèmes sont fatigués, comme la plupart de ses glandes. Quand il arrête, les systèmes et les glandes retrouvent peu à peu leurs fonctions et les cellules en état de manque depuis longtemps veulent constituer des réserves, des stocks. C'est cette nouvelle organisation qui fait grossir.

- Pratiquez toutes les heures ma méthode de respiration pour créer une hyperventilation et rétablir une meilleure santé du ventre : les quatre points cardinaux décongestionnés, libérés, retrouvent une meilleure fonction. Avec une meilleure oxygénation des poumons nettoyés, se produisent dégoût pour la cigarette et irritation des bronches. Ainsi vous espacerez votre consommation et vous arrêterez naturellement de fumer, ce qui équilibrera d'autant mieux votre système nerveux.
- Passez à table détendu et mangez lentement pour que votre organisme ne fabrique pas de surplus d'acidité.
- Mangez à des heures régulières pour éviter le grignotage et la boulimie.
- Diminuez et espacez la consommation des aliments acides, en particulier le café, souvent associé à la cigarette.
- Pratiquez une activité sportive d'endurance (marche, vélo, natation), qui non seulement vous aidera à brûler calories et toxines, tout en fortifiant votre cœur, mais aussi vous apportera une grande détente psychologique, indispensable pour arrêter de fumer.

En suivant ma méthode, vous allez arrêter de fumer sans frustration, naturellement. Et surtout sans grossir.

MAIGRIR ET ARRÊTER DE FUMER EN RESTANT DE BONNE HUMEUR

Éric, 34 ans, + 4 kg
Marié, enseignant

Grand fumeur depuis son adolescence (un paquet et demi par jour), Éric a arrêté de fumer sur les conseils de son médecin. En deux mois, son appétit ayant augmenté, il a pris quatre kilos. Son humeur s'est assombrie, il est devenu irritable.

Quand je le rencontre, je constate aussitôt qu'il mange trop et beaucoup trop vite. Il m'avoue qu'il est constamment tenté de recommencer à fumer – d'autant plus que ses amis et sa femme sont fumeurs. Je lui explique qu'il doit pratiquer toutes les heures ma respiration détente-bien-être anti-stress. Elle va lui permettre, en lui apportant un sentiment de détente, d'abandonner l'habitude-réflexe de prendre une cigarette et de l'allumer. (Plus on est détendu, moins on a envie de fumer ; phénomène qu'on constate pendant les vacances.) Il devra marcher en toute occasion d'un pas rapide, par tous les temps, une heure à une heure et demie par jour. Il restera détendu au moment de passer à table et mangera très lentement.

En un mois, Éric a retrouvé son poids de forme, perdu son irritabilité et persuadé sa femme d'arrêter elle-même de fumer.

Masser son ventre

Comprendre le fonctionnement de l'assimilation-élimination, changer ses habitudes, lutter contre le stress, se détendre constituent les premières étapes de ma méthode. Toutefois, si des troubles fonctionnels sont installés, il faut faire appel à une thérapie manuelle très spécifique pour remettre en bon état l'ensemble de votre système neurovégétatif.

Dans la plupart des cas vous pouvez pratiquer vous-même l'automassage. Il est facile à faire et ne présente aucun danger. En Asie, les époux, frères et sœurs, les amis n'hésitent pas à se masser entre eux ou à pratiquer l'automassage. Je regrette qu'en Occident des barrages, sans doute d'origine religieuse, rendent ces pratiques culpabilisantes. Curieusement, on n'éprouve aucune retenue à se baigner presque nu, sans soutien-gorge, à danser de façon érotique, mais on garde la pudeur du contact de la peau. Je souhaite que l'automassage devienne chez nous une discipline corporelle comme les autres – et qu'on cesse d'avoir honte de son ventre, ou d'en avoir peur.

Si vous rencontrez des difficultés à pratiquer l'automassage faites appel à un conjoint, un ami, etc. Si vous en ressentez la nécessité, vous pouvez vous tourner vers un thérapeute manuel professionnel.

Prenez quelques précautions :

- Ne traitez jamais votre ventre pendant la digestion. Mais avant un repas ou trois heures après.
- Traitez dans une pièce chaude.
- Traitez dans le calme pour pouvoir vous concentrer.
- Asseyez-vous sur une chaise ou en tailleur sur un tapis ou une couverture. Appuyez votre dos, vous serez plus détendu(e) pour effectuer les manœuvres.
- Coupez vos ongles. Il est préférable qu'ils soient courts pour ne pas vous blesser et surtout pour vous permettre de traiter avec l'extrémité des doigts. C'est sur la pulpe que se trouvent des zones d'hyper-sensibilité, véritables radars qui, avec un peu d'expérience, vont guider vos manœuvres.
- N'employez pas de crème de massage.
- Traitez directement sur votre ventre, en contact avec la peau, c'est plus efficace.
- Traitez doucement.
- Consacrez 5 minutes aux automassages chaque jour.
- Reposez-vous ensuite 10 minutes allongé(e) au chaud, sous une couverture. Vous pouvez même vous endormir.

DÉTERMINEZ LES ZONES À TRAITER

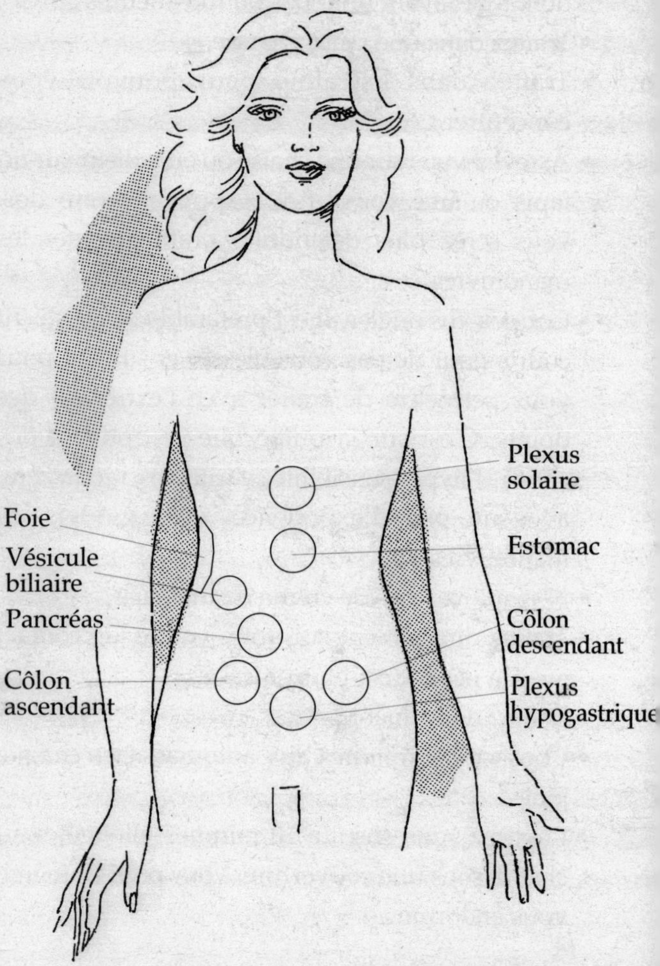

Au début, il vous paraîtra difficile de trouver sur votre ventre les points précis (plexus) correspondant à votre dysfonctionnement.
C'est pourquoi, par expérience, je propose de faire des manœuvres de thérapie manuelle en profondeur sur toute la surface du ventre. Petit à petit, vous sentirez des zones plus douloureuses que d'autres : en insistant sur ces zones vous allez rétablir une fonction normale du système neurovégétatif, sur le chemin de la guérison et de la minceur.

Pratiquez les automassages deux ou trois fois par jour, leurs effets se feront sentir au bout de 3 à 4 séances.

La préparation

- Commencez par des manœuvres d'effleurement du ventre avec les deux paumes des mains dans le sens des aiguilles d'une montre.

Durée : trente secondes.

- Continuez par des manœuvres de malaxage. Vous saisissez la peau du ventre des deux mains et vous la malaxez (la pétrissez) comme une pâte à pain. Déplacez vos mains afin de pétrir toute la région du ventre. Les pouces et les doigts doivent toujours rester au contact de la peau.

Durée : trente secondes.

Les automassages

Manœuvres de pincé-roulé

Prendre la peau entre le pouce, l'index et le majeur, la décoller légèrement et la rouler entre les doigts en douceur. En principe, le pli cutané que vous avez entre les doigts ne devrait pas dépasser 1 à 2 centimètres d'épaisseur suivant l'endroit. S'il est plus épais, c'est que vous n'avez pas encore atteint votre poids idéal.

Cette manœuvre est plus délicate, plus performante ; vous allez trouver des endroits très douloureux que vous allez pincer fortement, et pétrir. Vous allez ressentir une sensation de brûlure plus ou moins forte suivant l'état des organes en profondeur. Pourquoi ? Parce que vous êtes sur le point exquis, toujours enrobé d'un amas de cellulite, d'un plexus. Un plexus est un point très précis, minuscule, situé le long d'un méridien. Il correspond toujours à une glande ou à un organe. La douleur est un signal d'alarme qui indique un dysfonctionnement de la glande ou de l'organe sous vos doigts.

Vous allez les décongestionner, les stimuler et les fortifier.

Ces pincés-roulés ont pour but de faire disparaître tout amas cellulitique, de libérer les plexus et de donner une bonne santé à l'ensemble du ventre.

Faire trois ou quatre manœuvres de pincé-roulé de vingt secondes chacune.

Manœuvres de vibration-pression

En inspirant sur cinq à six secondes, posez les mains à plat sur le ventre autour du nombril, et pratiquez des vibrations.

En expirant, enfoncez le bout des doigts au plus profond du ventre, en arrondissant le dos au maximum et en rentrant le ventre, pendant cinq à sept secondes. Insistez sur les zones douloureuses.

Un peu de temps et d'expérience sont nécessaires pour apprendre à pratiquer l'automassage de façon efficace. Mais après quelques tâtonnements vous y arriverez, j'en suis persuadé. Ainsi, vous fortifierez votre système neurovégétatif, essentiel pour votre perte de poids.

MAIGRIR EN GUÉRISSANT SON VENTRE

Dominique, 42 ans, + 7 kg
Mariée, 2 enfants, chef d'entreprise

Dominique a gravi tous les échelons professionnels rapidement. À 42 ans, elle est PDG d'une entreprise employant une vingtaine de personnes.

Heureuse en ménage, élevant ses deux enfants sans difficultés, tout semble lui sourire. À une exception près : sa silhouette ne cesse de s'alourdir. Elle a essayé des régimes, absorbé des substituts de repas, des coupe-faim, consulté divers diététiciens et nutritionnistes.

Chaque fois, elle a perdu quelques kilos, mais toujours, elle les a repris, avec un bonus. Le processus de la prise de poids semble définitivement enclenché. Elle envisage d'avoir recours à la liposuccion. Pourtant quand elle vient me voir, elle hésite encore, car elle a une amie qui, après cette intervention, s'est retrouvée dans un état physique désastreux et a fait une dépression.

À la première consultation, j'observe que Dominique souffre d'une colopathie fonctionnelle et que son tissu conjonctif, au niveau du ventre, de la taille et des cuisses, présente une infiltration « cellulitique » importante, responsable de ses 7 kilos supplémentaires.

Je lui explique que son problème est directement

lié au stress qu'elle subit, lui-même responsable de sa colopathie fonctionnelle et, par voie de conséquence, de sa prise de poids. (Impossible de calculer le temps passé à expliquer à mes patientes que l'origine de la « cellulite » est principalement dans le dysfonctionnement du système neurovégétatif générateur d'une mauvaise santé du ventre.)

Je lui conseille toutes les heures une respiration-détente pour ses vertus anti-stress.

Elle pratiquera quelques exercices de ma gymnastique au bureau et chez elle, le soir, mon exercice de respiration abdominale avec les automassages du ventre.

Fini les substituts de repas : elle mangera lentement, et à des heures régulières.

En un mois et demi, Dominique perd 7 kilos et sa cellulite disparaît.

Une preuve supplémentaire de l'étroite relation qui existe entre l'équilibre de l'esprit et la santé du ventre.

LA « CELLULITE »

Ce terme est impropre et mal choisi, car il signifie inflammation de la cellule. Quand les femmes se plaignent d'avoir de la « cellulite », il ne s'agit de rien de tel : la graisse du tissu sous-cutané est absolument normale.

Cette graisse, suivant la morphologie de la personne (elle fait partie de la silhouette féminine), se répartit plus ou moins bien sur le corps, et toujours aux mêmes endroits. C'est cela que les femmes ne supportent pas et pour cela qu'elles sont souvent prêtes à tout pour l'éliminer.

Ce qui est anormal et disgracieux, c'est la surabondance de cette graisse, qui épaissit le tissu adipeux à n'importe quel endroit du corps, mais surtout sur le visage (double menton), sur les bras, sur la poitrine et autour du bassin (ventre, taille, hanches), sur les fessiers, sur la face externe des cuisses (culotte de cheval), autour des genoux et des chevilles.

Il existe deux localisations de la cellule graisseuse, séparées par une mince membrane :

- la localisation en surface ;
- la localisation en profondeur.

Avec une bonne hygiène de vie, une alimentation équilibrée, la femme perd en priorité la « cellulite » superficielle. La graisse profonde est plus difficile à perdre et le célèbre chirurgien Raymond Vilain disait : « Ce sont de véritables comptes en banque bloqués. »

Pensait-il avec humour à tout l'argent (souvent des fortunes) que dépensent certaines femmes exploitées par des commerçants ou des charlatans qui déballent toute leur panoplie « anticellulite »? Les attrape-nigauds ne manquent pas : crèmes, pommades, traitements locaux (ionisation, infrarouges, laser, infiltrations, mésothérapie, multipiqûres, pressiothérapie, etc.). Aucun thérapeute, aucun médecin digne de ce nom ne pratique ce genre de soins toujours voués à l'échec, souvent dangereux et qui abusent en tout cas de la crédulité des patientes.

Il faut aussi parler de la liposuccion, qui s'attaque à la graisse située en profondeur. Cette technique d'aspiration de la graisse n'est justifiée qu'exceptionnellement, pour des femmes très fortes ou présentant des anomalies disgracieuses de la silhouette, et après qu'elles ont déjà perdu du poids et stabilisé leur métabolisme. Malheureusement, les femmes croient trop souvent aux miracles et font rarement preuve de bon sens, pour leur poids et leur « cellulite ».

J'ai maintes fois constaté le désastre provoqué par tous ces traitements : peau en forme de tôle ondulée, distendue et flasque, cicatrices inesthétiques avec des adhérences entraînant de graves problèmes psychologiques (dépression, sentiment de culpabilité). Beaucoup de femmes se sentent frustrées, trompées, meurtries dans leur chair et dans leur esprit.

Comment mesurer son pli cutané ?

Il est facile de mesurer le pli cutané. Saisissez la peau entre le pouce et l'index, à la base des côtes, sur le ventre, sur le bras ou sur la cuisse. Le pli cutané ne doit pas dépasser 1 à 2 centimètres d'épaisseur. Si tout est normal, la peau est libre et souple. Si le pli est plus épais, que l'on constate l'aspect de peau d'orange et si cette manœuvre déclenche une douleur, c'est qu'il existe une infiltration de graisse ou une inflammation du tissu conjonctif (« cellulite ») plus ou moins importante. C'est le signe d'une tension nerveuse ou d'une grande fatigue, mais cela indique aussi que certains organes, viscères ou plexus fonctionnent mal ou au ralenti depuis plusieurs mois, parfois plusieurs années, car l'infiltration cellulitique ne se produit pas du jour au lendemain.

Comment combattre la « cellulite »

La « cellulite » se forme de l'intérieur à cause d'une mauvaise assimilation-élimination, en infiltrant nos cellules de graisse. C'est donc par l'intérieur qu'il faut la combattre, et non par des agents extérieurs comme dans la quasi-totalité des traitements.

Un état de nervosité ou d'angoisse permanent perturbe, nous l'avons vu, tout le système neurovégétatif, déréglant l'assimilation et surtout l'élimination.

Le foie, par le canal du sang, jouera mal son rôle et le flux sanguin, alourdi, chargé de toxines, déposera les résidus graisseux dans le tissu conjonctif. Les cellules, alors, prendront du volume : c'est la « cellulite ».

Toutes mes patientes dont le ventre allait mieux, dont les troubles neurovégétatifs avaient disparu, ont perdu du poids; elles ont vu du même coup disparaître leur infiltration cellulitique, sans que je traite ni cuisses ni jambes.

Des massages doux, profonds et non traumatisants pour le tissu conjonctif, ou des drainages lymphatiques peuvent faciliter et améliorer la circulation sanguine et lymphatique en apportant, après le traitement, une sensation de légèreté, de bien-être, une diminution du volume du tissu conjonctif, mais en aucune façon ces traitements, massages ou drainages, n'attaqueront le noyau de la cellule graisseuse. Et, tant que ce noyau ne sera pas dissous, il n'y aura aucun effet satisfaisant et durable sur la « cellulite », donc sur l'amaigrissement.

Par expérience, je ne masse jamais la « cellulite ». Souvent, les patientes qui ont les cuisses et les jambes lourdes me le demandent et s'étonnent de mon refus.

Je me contente de traiter toujours le ventre et le dos simultanément. Je m'intéresse à la santé de mes patientes, au bon déroulement de l'assimilation et de l'élimination. Je fortifie les intestins, décongestionne le foie, stimule la vésicule biliaire et le pancréas pour les renforcer dans leurs fonctions.

Et, comme par miracle, les jambes dégonflent, la « cellulite » disparaît.

Et c'est avec ma méthode, détente et santé du ventre et du dos, que mes patientes retrouvent un corps mince, tonique et en pleine santé.

Avertissement aux femmes

Les femmes doivent savoir que, même quand elles auront retrouvé et stabilisé leur poids de forme, pourra subsister à certains endroits – autour des hanches, des genoux – un tissu graisseux dû au stockage physiologique normal. Il constitue leurs réserves. Cela fait partie du caractère génétique de la femme et il faut l'accepter, c'est une question de bon sens, de bonne santé et de survie. Il est extrêmement dangereux de chercher à l'éliminer à tout prix. Même chez les femmes très maigres, on trouve ce tissu adipeux.

Trop de femmes veulent par tous les moyens supprimer cette « cellulite » (coupe-faim, diurétiques, prise d'anorexigènes, liposuccion, multipiqûres, ionisation, drainage lymphatique, repas de substitution, massages anticellulitiques, etc.). Elles présentent toutes les mêmes symptômes : fatigue intense, grande irritabilité, nervosité, état dépressif, et souvent dépression, teint livide, peau ridée, corps flasque, ventre spasmé et ballonné, constipation, règles douloureuses ou inexistantes, et frigidité.

Dès qu'elles constatent les premiers effets de ma méthode, elles abandonnent toutes ces idées fausses sur la « cellulite » et ses prétendus traitements. Et bientôt, tonifiées, amincies, bien dans leur tête, elles se redécouvrent belles et désirables.

Bien souvent, j'ai entendu des patientes me dire qu'en perdant quelques kilos, elles avaient retrouvé, avec une nouvelle image d'elles-mêmes, l'accès à un plaisir sexuel qu'elles se refusaient par complexe ou par culpabilité. C'est comme si elles s'étaient débarrassées d'une angoisse, d'un blocage psychologique qui les étouffaient et les maintenaient à l'écart du plaisir et de l'épanouissement. Quelques kilos perdus, dans de nombreux cas, ont été à la source d'une réconciliation dans un couple et d'une nouvelle harmonie.

Tonifier son ventre

Vous pratiquez déjà, plusieurs fois par jour, la respiration-détente (voir page 23). Une fois par jour, chez vous, complétez-la, enrichissez-la par une séance de respiration profonde abdominale, qui a pour objectif de tonifier les muscles de votre ventre.

- Sur un tapis épais ou une couverture, allongez-vous sur le dos, nuque longue, menton légèrement rentré. Vos jambes sont fléchies. Croisez vos doigts sur votre ventre. (Vous pouvez aussi pratiquer cet exercice assis, bien calé sur une chaise).

- Inspirez doucement par le nez sur 5 secondes, gonflez votre ventre contre une forte opposition de vos mains. Imaginez que votre ventre soulève un poids.

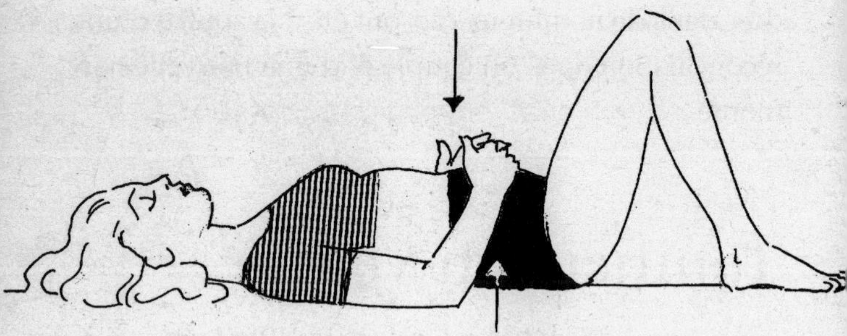

- Gardez l'air pendant 2 secondes.

- Expirez profondément par la bouche ouverte, visage détendu, pendant 5 à 7 secondes. Videz l'air de vos poumons, votre cage thoracique s'abaisse doucement. Sur la fin de l'expiration, enfoncez vos mains dans votre ventre pour chasser l'air et massez-le en profondeur. Écrasez progressivement votre dos, partie lombaire, sur le tapis, en basculant votre bassin, serrez vos fessiers.

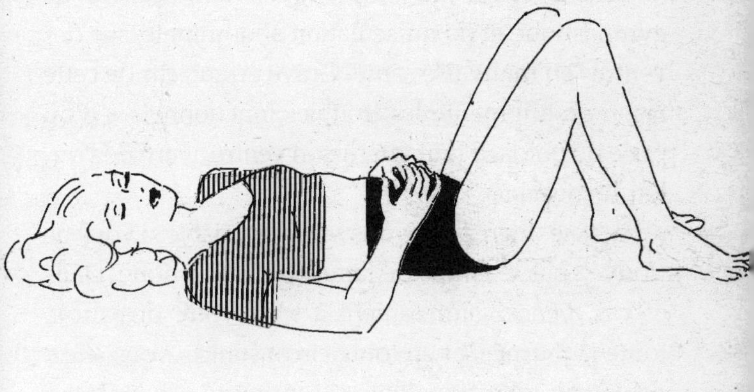

- Exécutez cet exercice dix fois de suite. Reposez-vous une minute. Recommencez deux nouvelles séries de dix.

Fortifier son ventre

Si vous mangez toujours rapidement, ne faites surtout pas les mouvements abdominaux que je vous propose ; ils auraient pour conséquence d'aggraver votre état, donc de vous faire prendre encore du poids. Ma gymnastique abdominale ne peut être pratiquée que si votre ventre ne souffre plus d'aucun trouble de colopathie fonctionnelle. Contrairement aux méthodes classiques, la mienne ne peut s'appliquer qu'à un organisme rééquilibré, et dont le système cardio-vasculaire a été fortifié. J'ai observé dans le monde entier qu'on pratiquait des séances de gymnastique et de musculation abdominale, sur des ventres en mauvaise santé. Grave erreur, car de cette façon on augmente les troubles fonctionnels – d'où prise de poids. Il faut guérir son ventre avant de vouloir le muscler.

Vous ne devrez pas vous sentir coupable si vous ne trouvez pas le temps de faire ma gymnastique. Dans ce cas, pensez simplement à tenir votre dos droit, toute la journée, et en toute circonstance. Vous allez, de ce fait, faire travailler en continuité vos abdominaux, ce qui est très important (mais insuffisant tout de même pour être assuré de garder son poids idéal).

Ma méthode de respiration vous a apporté la détente. Vous avez réglé votre horloge biologique de l'alimentation en mangeant régulièrement, et lentement. Vous avez équilibré votre terrain acide-alcalin.

En fortifiant votre ventre par le mouvement, vous allez pouvoir, en restant à votre poids idéal, retrouver énergie et optimisme. Un bon ventre, je l'ai déjà dit, est le garant d'une santé optimale, surtout psychologique, sans laquelle il n'y a pas d'amaigrissement durable. La gymnastique est un atout supplémentaire pour maigrir, à condition d'être parfaitement adaptée à la personne qui la pratique, à son âge, son poids, son état de fatigue, sa motivation. Elle doit avant tout vous procurer du plaisir, une détente physique et psychologique. La plupart des leçons, ou des conseils, ne prennent pas en compte l'état physique et psychologique. Depuis la mode des gymnastiques supposées amaigrissantes comme l'aérobic, le step, etc., je vois de plus en plus de patientes arriver dans mon cabinet accablées de fatigue, percluses de douleurs, de courbatures, le ventre gonflé, ayant pris – ou repris – du poids à la suite de ces séances sauvages. Alors que toute séance de gymnastique devrait apporter la détente et rendre à chacun son poids de forme.

Ma méthode est basée sur la conquête de la détente physique et psychologique. Le mouvement doit être bien accepté – et jamais traumatisant.

PERDRE CES SATANÉS 3 KILOS QUI EMPOISONNENT LA VIE

Christine, 24 ans, + 3 kg
Célibataire, secrétaire

Comme beaucoup de jeunes femmes, Christine, depuis son adolescence, est en lutte constante contre ces éternels 3 kilos de trop logés en haut des cuisses et sur le ventre. Elle est mal dans sa peau, surtout au printemps quand les magazines se peuplent de créatures filiformes en tenue de plage.

Christine n'est pas satisfaite de son travail et sa vie privée n'est pas très heureuse. Elle s'ennuie, mange de façon irrégulière et nerveusement, un peu n'importe quoi. Elle est souvent ballonnée et sujette aux coups de fatigue. Dans l'espoir de se remettre en forme, elle saute d'un cours d'aérobic à un cours de gymnastique spéciale abdominaux ou à des séances de step.

Je la rencontre au début du mois de mai, en quête d'un moyen de perdre ces fameux 3 kilos à tout prix avant l'été.

« Vous faites le contraire de ce que vous devez faire, Christine, lui dis-je. Pour maigrir, vous allez passer à table détendue et manger régulièrement. Dans votre club de sport, au lieu de ces activités de résistance qui accroissent fatigue et nervosité, dirigez-vous vers une gymnastique douce, stretching par exemple. Le week-end, essayez un sport d'endurance comme la marche en randonnée avec des amis, le vélo, la natation – sans forcer. La base de votre forme et de votre énergie vous la puiserez le matin dans un petit déjeuner équilibré, qui régularisera toutes les autres prises de la journée. En cas de coup dur, pratiquez ma méthode de respiration-détente. Vos 3 kilos disparaîtront. »

Christine, à la recherche d'une perte de poids rapide et définitive, a suivi à la lettre ma méthode comme si elle représentait sa dernière chance, et effectivement, en trois semaines, sans aucun artifice, elle a enfin perdu pour toujours ces « satanés » 3 kilos.

QUELQUES PRÉCAUTIONS À PRENDRE POUR PRATIQUER CHEZ VOUS OU EN SALLE

- Faites les exercices avant le repas ou trois heures après; jamais pendant la digestion. Ne sautez pas un repas au profit d'une séance, c'est une erreur.

- Buvez un demi-verre d'eau avant de commencer.

- N'allez jamais jusqu'à la fatigue, jusqu'à la douleur. N'hésitez pas à vous arrêter, même en salle, y compris si le professeur vous ordonne de continuer : vous avez le droit à la désobéissance.

- Choisissez des vêtements amples et confortables, laissant votre peau s'oxygéner. Pas de matière synthétique.

- N'oubliez jamais que ces exercices, qui vous permettront de perdre du poids, ne sont pas faits pour vous faire maigrir. Leur premier objectif est de vous faire plaisir – ce plaisir étant une source de détente et, par effet d'enchaînement, d'amaigrissement.

Chez vous

- Déroulez un tapis de 2 à 4 centimètres d'épaisseur (on en trouve dans tous les magasins de sport), ou pliez une couverture en quatre, afin que les apophyses épineuses des vertèbres – les pointes osseuses dépassant du dos – ne heurtent pas une surface dure, déclenchant, à la longue, de microtraumatismes générateurs de subluxations vertébrales. Je vois souvent des patients qui font une excellente gymnastique sur leur moquette et qui souffrent paradoxalement de cervicalgie, dorsalgie, lombalgie, sciatique chronique, rebelles à tout traitement. Un tapis de 2 à 4 centimètres d'épaisseur leur aurait évité ces troubles. Ne vous plaignez pas d'avoir mal au dos si vous ne respectez pas ces précautions.

- Aérez la pièce réservée aux exercices. La température doit être inférieure à 17° C.

- Commencez par cinq respirations-détente.

Chaque séance ne doit pas dépasser cinq à sept minutes. Vous pouvez la répéter plusieurs fois dans la journée.

En salle

- N'arrivez pas à la salle stressé(e) car, dans ce cas, vous commenceriez les exercices avec les plexus du système neurovégétatif bloqués ; vous ne feriez qu'augmenter votre fatigue, par conséquent votre poids. (Sept personnes sur dix, en salle, commencent le cours en état de stress, muscles noués, d'où crampes et fatigue du cœur.)
- Arrivez quinze minutes avant le cours. Respirez, détendez-vous et pratiquez quelques mouvements d'élongation et d'assouplissement.
- Dirigez-vous vers un cours « spécial abdominaux », qui doit néanmoins également faire travailler tous les autres groupes musculaires, en particulier ceux du dos. Inversement, une gymnastique du dos n'est efficace que si elle s'occupe aussi de la musculation du ventre.
- Pendant le cours, gardez votre propre rythme – ne vous préoccupez pas de votre voisin, peut-être plus entraîné que vous. Le professeur doit se déplacer, corriger vos faux mouvements, calmer un rythme trop rapide, vous encourager ; il ne doit jamais vous obliger à forcer.
- N'hésitez pas à confier au professeur avant le cours vos problèmes personnels (mal de dos, essoufflement, douleurs articulaires ou problèmes psychologiques). Un bon professeur doit être un guide – et non un tortionnaire.

LES EXERCICES ABDOMINAUX À PROSCRIRE

Pas d'exercices abdominaux allongé(e) sur le dos, les jambes tendues au ras du sol (battements, ciseaux).

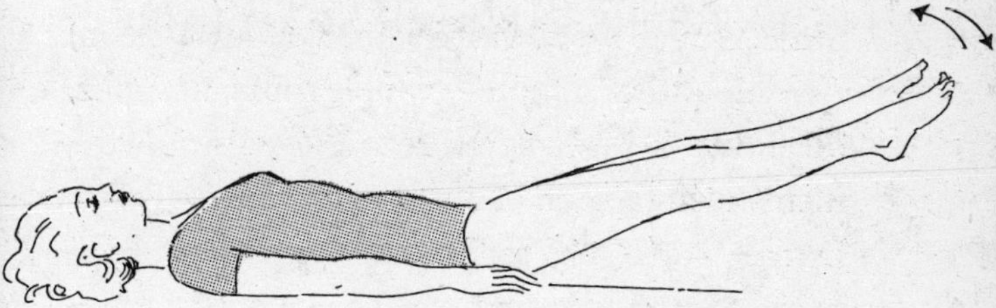

Pas de flexions du buste en position allongée, jambes tendues au sol.

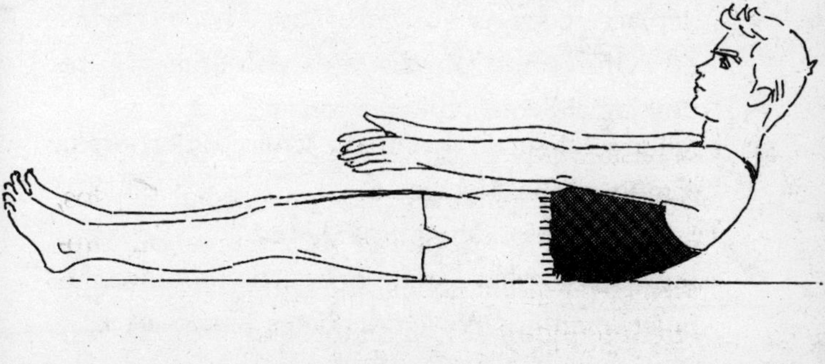

Pratiquer ces exercices dans d'aussi mauvaises positions comporte des risques de lombalgie chronique, de sciatique, de hernies inguinale ou hiatale, et perturbe le système neurovégétatif – d'où prise de poids.

LES EXERCICES ABDOMINAUX À FAIRE

Pour tonifier

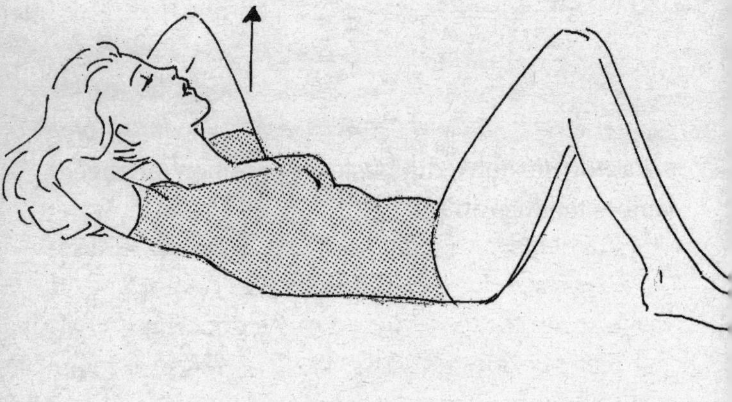

- Allongé(e) sur le dos, mains croisées derrière la nuque, jambes fléchies.
- Inspirez profondément par le nez.
- Puis, en expirant par la bouche, soulevez le buste, menton vers le ciel. Faites 3 séries de 20.
- Rythme lent.

Pour muscler

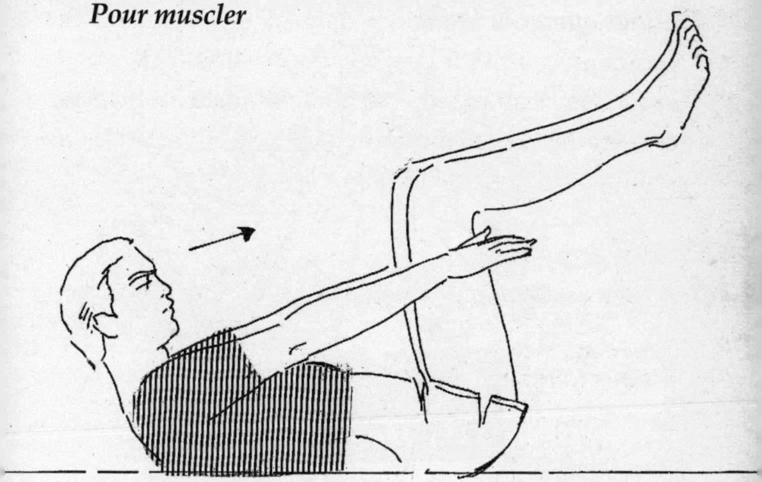

- Allongé(e) sur le dos, bras le long du corps, jambes fléchies et cuisses à 90°. Vous pouvez croiser vos chevilles.
- Inspirez par le nez.
- Puis, en expirant par la bouche, soulevez le buste vers les genoux, bras tendus vers l'avant.
- Inspirez, posez le dos au sol en douceur.
- Faites 3 séries de 20.
- Rythme moyen.
- Variante avec les mains croisées derrière la nuque.

Pour affiner la taille

- Allongé(e) sur le dos, mains croisées derrière la nuque, coudes écartés, jambe gauche fléchie, pied au sol, cheville droite posée sur le genou gauche.
- Inspirez par le nez.
- Puis, en expirant par la bouche, amenez le coude gauche sur le genou droit.
- Posez votre dos en douceur.
- Inspirez.
- Faites 3 séries de 20 sur chaque jambe.
- Rythme moyen.

Tonifier et muscler ses abdominaux est une garantie de garder son ventre en bonne santé, et en mesure d'éliminer le maximum de toxines pour maintenir son poids idéal.

Troisième partie

RETROUVEZ VOS RYTHMES NATURELS

La vie moderne nous impose des stress et des rythmes contraignants destructeurs pour la santé. On se couche et on se lève trop tôt ou trop tard ; on travaille sans coupure ni détente ; on mange très vite et n'importe quoi à des heures irrégulières ou on saute des repas ; on respire mal de l'air pollué ou conditionné ; on choisit mal ses activités physiques qui ne remplissent plus leur fonction de détente ; si on veut maigrir, on enchaîne sans conviction les régimes à tort et à travers. Les voyages, avec leur fameux décalage horaire, les longs trajets pour se rendre au travail, les soucis domestiques, dérèglent constamment notre horloge biologique. Celle-ci, qui fonctionne secrètement à l'intérieur de nous-mêmes, a un rythme personnel issu de la génétique et des habitudes de l'enfance, qui souffre d'être perturbé. J'ai observé, parmi bien d'autres, le cas significatif d'une étudiante qui venait de quitter sa famille. Habituée au petit déjeuner servi ponctuellement par sa mère, au déjeuner familial de 13 heures, au repas pris dans la détente (sans télévision), elle était passée, sans transition, au petit déjeuner avalé à toute vitesse au café du coin, à la précipitation et aux horaires approximatifs du resto U, aux dîners chez des copains à n'importe quelle heure, à l'angoisse des examens, aux aventures sentimentales sans lendemain. En deux, trois mois, elle avait grossi de près de dix kilos. Elle ne parvenait pas à les perdre.

Je réussis à la persuader que, dans son nouveau système de vie, elle devait remettre à l'heure son horloge biologique, régulariser ses heures de repas, manger lentement, se détendre, respirer toutes les heures. En peu de temps, elle est revenue à son poids de forme.

Ma méthode adaptée à toutes les phases de la journée, aux moments d'activité comme à ceux de repos, à toutes les étapes de la vie, va vous apporter les éléments pour remettre à l'heure votre horloge biologique. Sans cette remise à l'heure, vous n'avez aucune chance de retrouver votre poids idéal.

Récupérer un bon sommeil

Le sommeil est l'élément primordial de cette remise à l'heure de votre horloge biologique. Très souvent, insomnie, sommeil fragmenté et agité, somnolence sont liés à la surcharge pondérale. Il est difficile de maigrir vraiment et de se maintenir à son poids de forme sans un sommeil régulier, réellement réparateur.

Sachez que le sommeil de la nuit se prépare dès le matin au saut du lit, avec un petit déjeuner solide, sans excitant. Il se construit tout au long de la journée avec ma méthode de respiration, une attitude positive, une remise en question de soi, de ses habitudes, de son mode de vie, de ses rythmes alimentaires...

Les causes du mauvais sommeil peuvent être de trois ordres :

CAUSES PSYCHOLOGIQUES

Grande tension interne, stress, surmenage, angoisse... et alors l'accumulation d'adrénaline produite par les glandes surrénales nous maintient en situation d'éveil. Cette forme d'insomnie peut être occasionnelle ou devenir chronique. Ma méthode de respiration a rendu le sommeil à presque tous mes patients qui l'ont adoptée.

CAUSES PHYSIQUES

Dérèglement du système digestif (estomac dilaté) dû à un excès d'alcool, d'excitants ou de vitamines ; surmenage physique produisant crampes et courbatures ; excitation cérébrale (après une discussion, par exemple le cerveau met un certain temps à se ralentir). Dérèglement du cycle sommeil-veille par l'abus de somnifères ou de tranquillisants. Je note que la France est le pays où la consommation de ce type de produits est la plus élevée.

CAUSES EXTÉRIEURES

Environnement bruyant ou pollué.

Atmosphère surchauffée, mal ventilée, humide ou trop froide.

Mauvaise literie (lit mou, oreillers trop volumineux).

Surabondance de couvertures.

APRÈS LE DÎNER

Pour favoriser le processus d'une bonne digestion et préparer un bon sommeil :

- Si vous avez dîné à la maison, rangez la cuisine, faites la vaisselle et préparez le couvert pour le petit déjeuner.
- Évitez de vous allonger après le repas, votre digestion serait ralentie.
- Passez-vous les mains et les avant-bras à l'eau tiède durant deux à trois minutes, puis à l'eau froide.
- Brossez-vous les dents et massez-vous les gencives comme le matin.
- Vaquez à des occupations non stressantes : bricolage, lecture, broderie...
- Évitez la gymnastique tonique, les exercices d'abdominaux après le repas.
- Marchez une demi-heure avec de bonnes chaussures.
- Si vous avez peur de sortir pour marcher, pratiquez ma méthode de respiration et mon exercice de relaxation-détente-bien-être (page 190).

AVANT DE VOUS ENDORMIR

- Prenez une douche tiède puis froide sur les extrémités juste avant de vous coucher. L'eau

froide fait légèrement chuter la température du corps, favorisant ainsi le sommeil.
- Aérez la pièce et coupez le chauffage. Une température trop élevée vous ferait transpirer et vous réveillerait. Si cela vous arrive, n'hésitez pas à reprendre une douche tiède puis froide sur les extrémités.
- Bien dormir évite les visites nocturnes au réfrigérateur.

Ma respiration-détente permet, dans la quasi-totalité des cas, de retrouver le sommeil. Ceux et celles qui me font confiance pourront commencer par diminuer les doses de calmants et autres médicaments de confort, qui encrassent l'organisme, pour, progressivement, les supprimer totalement. Tous mes patients qui ont cessé de les prendre ont retrouvé leur rythme naturel et ont perdu du poids.

MON EXERCICE POUR BIEN DORMIR

Le but de ce mouvement est de détendre et d'harmoniser l'esprit et le corps. Vous pouvez pratiquer mon exercice de relaxation avant de vous endormir, mais aussi dans la journée quand vous êtes stressé, nerveux, angoissé. Cet exercice a également pour effet d'assouplir et de fortifier le dos.

- Assis(e) en tailleur sur un tapis épais, mains posées sur les genoux, dos droit.
- Inspirez très doucement par le nez en comptant jusqu'à 5, en tirant sur les genoux et en élevant votre dos.

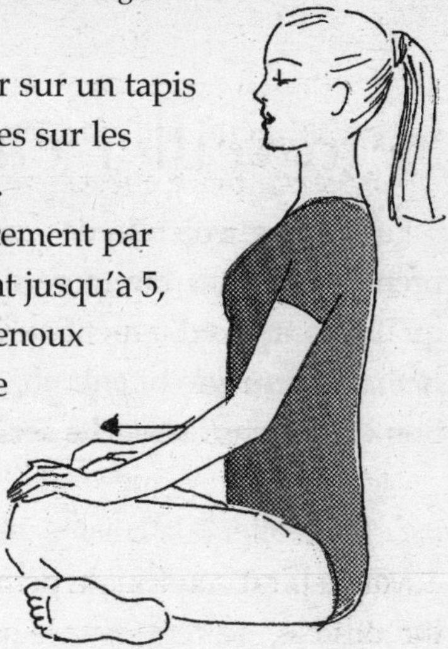

Puis, en expirant très doucement par le nez et en comptant jusqu'à 7, laissez tomber le menton sur la poitrine, rentrez le ventre, arrondissez le dos comme un chat, sans forcer.

Faites cet exercice à un rythme lent, en pensant détente-bien-être et non gymnastique, 5 à 7 fois de suite.

Se réveiller en douceur

J'ai souvent entendu des patients me dire qu'ils ne prennent pas ou rarement de petit déjeuner parce qu'ils n'ont pas d'appétit au réveil, qu'ils se sentent mal, sans énergie ni entrain, avec une vague sensation de nausée, la bouche sèche et amère :

« La seule chose que je suis capable de faire, disent-ils, c'est d'aller à la cuisine, de boire un café noir, ou au lait, à la rigueur un jus de fruits ; ou d'allumer une cigarette. »

À ces « mal réveillés », je réponds en général que leur cas est facile à améliorer, que je ne vais même pas leur demander de changer leurs habitudes. Qu'ils continuent à fumer leur première cigarette, à boire leur café... mais d'une façon différente.

Le petit déjeuner ne doit pas être le triste prolongement d'un mauvais réveil.

Il doit être appétissant, consistant. Il doit aussi être salé, et à base de sucres lents et de protéines (voir page 128). À cette condition, je vais faire d'un faux repas bâclé et pratiquement inutile le petit déjeuner starter de l'amaigrissement.

D'abord, vous allez cesser de vous réveiller n'importe comment. Il faut absolument se réveiller en douceur. Vous êtes resté(e) des heures en position allongée. Votre système circulatoire s'est ralenti. Il ne faut surtout pas sauter du lit au réveil, ce qui peut provoquer vertiges, étourdissements, accès de faiblesse.

- Évitez les réveils « en fanfare », utilisez une sonnerie douce. Pas de sursaut.
- Étirez-vous dans votre lit pour dérouiller vos membres et vos articulations. Ces étirements doux et progressifs vont stimuler le système circulatoire, réveiller le système neurovégétatif, préparant le fonctionnement de l'estomac, de la vésicule et du pancréas.
- Levez-vous en marquant une pause entre la position allongée et la position debout. Restez quelques secondes assis sur le bord du lit avant de vous redresser. Profitez-en pour faire le premier exercice de respiration profonde de la journée.
- Commencez par la salle de bains. Prenez l'habitude de vous nettoyer d'abord la bouche. Brossez-vous les dents et massez-vous les gencives avec le doigt afin de stimuler les glandes salivaires; massez aussi les parois intérieures de la bouche, qui sont particulièrement innervées : ce massage va réveiller les centres nerveux et éveiller votre appétit. Ce nettoyage que je recommande est particulièrement important si vous avez mal dormi, si vous avez eu, la veille, un dîner copieux, bien arrosé, ou si vous avez pris un somnifère ou un calmant. Qui ne se souvient de réveils difficiles (la fameuse gueule de bois) avec la bouche pâteuse, la langue chargée, l'ha-

leine mauvaise ? De plus, chez certaines personnes très stressées, ou dont l'appareil digestif est perturbé, les sécrétions acides gastriques sont plus importantes la nuit que le jour.

- Avant de passer à la cuisine ou à la salle à manger, prenez une douche tiède (une douche trop chaude, ou trop froide, bloque le système neurovégétatif, et un bain chaud vous donnera envie de vous recoucher). Faites ruisseler l'eau, en priorité sur la poitrine, le côté droit à cause du foie, le dos... Massez-vous le ventre dans le sens des aiguilles d'une montre, pendant vingt à trente secondes. Si vous en avez le courage, terminez par une douche froide sur les extrémités (un corps enrobé le supportera mieux qu'un corps maigre). Séchez-vous bien et frictionnez-vous à mains nues ou bien avec une serviette ou un gant de crin, afin d'accélérer la circulation sanguine.

Si vous pratiquez mes exercices abdominaux pour maigrir (page 182), c'est le moment. C'est aussi le moment d'aller courir ou de marcher une demi-heure. Si vous devez conduire vos enfants à l'école, allez-y à jeun. Prenez mon petit déjeuner minceur au retour, dans le calme.

Sport ou non, vous êtes enfin réveillé(e), votre système neurovégétatif est prêt à fonctionner – et l'appétit apparaît.

Manger à des heures régulières

Surtout, ne mangez pas n'importe quoi et n'importe comment. J'attache une importance primordiale à la régularité des repas, qui vous permettent de recharger votre énergie. Si nous avons été habitués à manger quatre fois par jour – à environ 7 heures, 12 heures, 17 heures, 20 heures –, les sucs digestifs se déclenchent automatiquement suivant ce programme horaire. Les médecins qui pratiquent des cures de sommeil le savent si bien qu'à des heures régulières ils injectent à leurs malades endormis des cocktails de vitamines-glucides pour respecter les rythmes de digestion des patients. Il ne faut jamais sauter un repas, et toujours veiller à ce que la digestion soit terminée avant de passer au repas suivant.

En partant de l'incontournable petit déjeuner starter de la minceur, programmez le déjeuner et le dîner avec un intervalle de quatre à cinq heures. En cas d'effort particulier, physique ou intellectuel, ou de décalage, prévoyez un en-cas de complément (tartine de pain complet, chocolat noir) entre deux repas.

Acheter mieux

Avec ma femme Florence et nos enfants, nous avons maintenu, à travers tous les aléas et les stress de la vie, détente et bonne humeur. Nous avons toujours essayé de nous mettre à table détendus, et veillé à ce que notre alimentation soit équilibrée et variée, inspirée des plats du terroir, adaptée à la gourmandise de chacun. En outre, Florence et moi ne nous sommes jamais privés d'un verre de très bon vin par repas. Aucun d'entre nous n'a jamais grossi ni même subi d'importantes variations de poids. Nous connaissons des familles où chaque jour de la semaine a son menu, qui revient invariablement. On perd le plaisir, le goût, la bonne humeur et, croyez-moi, souvent on grossit.

Comme nous, fuyez la monotonie. Faites preuve d'imagination, inspirez-vous d'autres recettes, inventez en direct devant vos fourneaux. Nos « trucs », nos conseils d'organisation vont vous simplifier la vie : choisir, acheter, conserver sans abîmer, composer des menus, cuisiner et savourer en famille, avec des amis ou seul – cela m'arrive aussi. Notre cuisine joue un rôle essentiel dans votre grande aventure de l'amaigrissement.

Une bonne alimentation, équilibrée et variée, pour bien maigrir, commence au marché ou chez les commerçants de votre quartier. Comme nous, faites vous-même vos courses.

- Établissez des menus pour trois ou quatre jours selon votre inspiration, les propositions de la saison, et en fonction du nombre d'invités éventuels et du goût de chacun.
- Veillez à varier au maximum les menus.
- Suivez votre liste et n'achetez pas de produits superflus dont vous n'auriez pas l'usage immédiat. Si vous les gardez trop longtemps, ils perdront leurs éléments nutritifs.
- Ne vous laissez pas séduire, ni influencer si vous êtes timide.
- Faites-vous livrer régulièrement l'épicerie et les produits qui se conservent ou regroupez vos achats pour une tournée au supermarché (tous les quinze jours ou une fois par mois).
- N'achetez pas, sous prétexte que c'est moins cher, de conditionnement trop volumineux (boîtes familiales, lots de plusieurs paquets...) surtout si vous vivez seul. Ils vous obligent soit à une surconsommation, soit à les stocker au-delà de la date de péremption.
- Préférez les produits en vrac, au poids, que vous pouvez choisir vous-même, aux produits préemballés sous plastique.
- Évitez systématiquement les agrumes prélavés, précuits, précoupés, les salaisons (jambon, saucis-

son), les pains et, d'une manière générale, tous les produits préparés et conservés artificiellement.

- Regardez bien la date limite de vente lorsqu'elle est indiquée.
- Méfiez-vous des produits dits « diététiques » : ils sont souvent plus onéreux et pas forcément meilleurs.
- Pour les fruits frais, faites le marché une ou deux fois par semaine.
- Touchez et sentez les fruits et légumes : une salade flétrie, une poire blette, une pêche farineuse ne vous échapperont pas (un bon vendeur n'hésitera pas à vous faire goûter ses produits si vous le souhaitez).
- Renouvelez constamment votre réserve d'herbes aromatiques fraîches.
- Achetez toujours en fonction des saisons les fruits, les légumes, le poisson et même certaines viandes.
- Adressez-vous toujours au même boucher, il connaît vos goûts. Demandez-lui de découper les volailles, quelquefois d'enlever la peau ou de les désosser. Faites préparer le plus souvent les rôtis et volailles sans barde (ou très peu). Faites dégraisser au maximum les morceaux d'agneau ou les steaks de bœuf.
- Allez chez votre fromager habituel pour les œufs (œufs de ferme), les laitages et les fromages.

- Soyez exigeant(e) sur le pain. N'hésitez pas à changer de boulangerie. Variez vos achats (pain aux céréales, pain de campagne, pain complet, etc.). Et apprenez à reconnaître le vrai pain artisanal.

Votre meilleure garantie : les commerçants de votre quartier si vous êtes fidèle. S'ils vous connaissent, ils sauront vous conseiller judicieusement. Commentez la tendreté d'un rôti, la fraîcheur d'un poisson, le croquant d'une pomme, mais dites aussi franchement ce qui vous a déplu : vous n'en serez que mieux servi la fois suivante.

Conserver mieux

❑ *Rangez au frais*

Dans le réfrigérateur, la température au-dessus de 0° C varie de +2° C à +8° C. La conservation est limitée suivant les denrées et les conditions de stockage entre 12 heures et 3 semaines.

- **Les légumes et les fruits,** dans le bac ou le tiroir spécial (+8° C), conservation : une semaine.
- **Les produits laitiers, lait, yaourt, beurre...** conservation suivant la date limite. Lait entamé, conservation : 24 heures.
- **Les fromages,** disposez-les, bien enveloppés, dans le bac des légumes. Ils profiteront de l'envi-

ronnement humide des légumes qui leur convient parfaitement.

- **Les œufs frais,** conservation : 3 semaines.
- **La viande crue,** dans de l'aluminium ménager, conservation : 3 jours maximum.
- **Le poisson frais et cru,** bien emballé, conservation : 24 heures.

❑ *Gardez à l'abri de la lumière et du soleil*

- **Les huiles et les vins.**

❑ *Utilisez votre congélateur*

Si vous ne pouvez pas faire vos courses tous les jours, le congélateur conservera longtemps viande, poisson et surgelés à une température très basse de -18° C.

Une précaution : rangez-y tous les aliments dans des sacs prévus à cet effet, après les avoir hermétiquement fermés. Congelez toujours des aliments de première fraîcheur.

Attention !

Ne conservez pas les restes de soupe, de jus de fruits, de salade, de salade de fruits, de légumes...

Une fois épluchés, tranchés, râpés, les fruits et les légumes perdent leurs vitamines et, au contact de l'air, s'oxydent.

Ne conservez jamais d'aliments dans une boîte de conserve ouverte, vous risquez l'intoxication.

Ne congelez pas dans des sacs ayant déjà servis.

MAIGRIR EN VARIANT SES MENUS

Cédric, 24 ans, + 6 kg

Célibataire, ingénieur en informatique

L'année de son diplôme, Cédric a quitté ses parents en province pour s'installer dans un studio à Paris à proximité de son premier emploi dans une société d'informatique.

Longtemps couvé par sa mère, il a dû apprendre rapidement à s'organiser. Quand je le rencontrai, il me confia que son principal souci, dans sa nouvelle vie, était l'impossibilité de faire les courses, de préparer un repas... Autant de nouvelles tâches apparemment insurmontables pour lui.

Pendant un an, Cédric s'est nourri uniquement dans des pizzérias, des sandwicheries ou des fast-foods. Il buvait en grande quantité Coca-Cola, sodas, boissons sucrées et café.

Résultat, Cédric a accumulé en quelques mois, 6 kilos superflus. Sa mère, alarmée, m'a téléphoné un jour : « Expliquez-lui ce qu'il doit faire, j'en suis incapable. »

J'ai vu Cédric une fois et il a compris immédiatement l'intérêt de prendre ses repas à heures régulières, de ne plus manger n'importe quoi, à n'importe quelle heure.

En quelques semaines, en faisant ses courses, en sélectionnant des produits frais, des sous-vide, des plats préparés congelés, il a varié ses menus et il a retrouvé son poids de forme. Définitivement.

Cuisiner mieux

La cuisine idéale n'est pas forcément une cuisine sophistiquée. Quelques ustensiles suffisent à préparer la meilleure des cuisines et le matériel indispensable se résume à peu de chose :

- Une série de casseroles et de poêles antiadhésives qui n'attachent pas et permettent d'utiliser un minimum de corps gras.
- Un four, le gril du four.
- Une marmite pour la cuisson à la vapeur.
- Une cocotte en fonte.
- Des plats à four.
- Des spatules en bois.
- Une écumoire.
- Une planche à découper en bois.
- Une râpe électrique pour émincer les légumes.
- Un hachoir pour les fines herbes, les oignons.
- Un batteur pour les blancs d'œufs.
- De l'aluminium ménager.
- Du papier absorbant en rouleau.

LES MODES DE CUISSON

À la poêle ou en sauteuse

- Utilisez un minimum de matière grasse, si possible pas du tout. Les revêtements antiadhésifs actuels le permettent. Versez quelques gouttes d'huile dans la poêle et essuyez avec du papier absorbant.
- Saisissez d'un côté, puis retournez.
- Si le morceau est trop gros, baissez le feu et couvrez quelques minutes.
- Lorsque les aliments sont cuits, posez-les quelques instants sur du papier absorbant, qui éliminera l'excès de graisse.
- N'utilisez jamais une huile de friture plus de deux ou trois fois. Filtrez l'huile après chaque usage. Conservez-la dans un récipient fermé, à l'abri de l'air et de la lumière.

Au gril

Dans le four, sur le gril ou sur une plaque de fonte, cette cuisson a l'avantage d'éviter l'utilisation de matière grasse, mais elle peut aussi être très toxique si les aliments sont trop près de la source de chaleur et carbonisent. C'est une méthode de cuisson à surveiller de près. Attention!

Au barbecue

Il se dépose sur la partie grillée du steak, de la volaille ou du poisson, un revêtement sombre, quelquefois noir parce qu'il est calciné.

Ce « brûlé » est extrêmement toxique pour la santé et va bloquer, si vous l'ingérez, le processus de l'assimilation des aliments, et ralentir considérablement votre digestion, en provoquant une grande acidité de tout le bol alimentaire et, par conséquent, de tout le système digestif. Pour certains médecins, l'ingestion de cette partie calcinée peut entraîner à la longue des cancers ; en tout état de cause, cela équivaut à fumer plusieurs dizaines de paquets de cigarettes.

En papillote

L'aliment est emballé dans de l'aluminium ménager et cuit au four, ou dans les braises (attention, la papillote doit alors être bien fermée). On peut ajouter des herbes : ciboulette, persil, estragon, basilic ; des aromates : thym, laurier ou des épices : cannelle, gingembre, etc.

C'est un mode de cuisson particulièrement diététique puisqu'il évite toute matière grasse. Il garde leur goût aux aliments et le parfum des herbes et des aromates.

Au bain-marie

L'aliment est disposé dans un plat, ou une casserole, que l'on dépose dans un plat plus grand contenant de l'eau. La cuisson se fait alors au four ou sur la plaque de la cuisinière. Ce mode de cuisson un peu long est surtout utilisé en pâtisserie ou pour faire fondre du chocolat, mais il est très pratique pour réchauffer un plat déjà préparé sans qu'il attache.

À la vapeur

C'est le mode de cuisson le plus recommandé pour les poissons et les légumes. Disposez votre préparation dans le panier de l'autocuiseur avec des aromates, des herbes fraîches ou des algues (pour le poisson) au-dessus d'un récipient rempli d'eau aromatisée pour donner du goût.

Le poisson ou les légumes cuiront doucement à la vapeur. C'est sûrement le plus diététique et le plus simple de tous les modes de cuisson.

À l'étouffée

Cette cuisson est utilisée pour certains plats de viande – qui doit être dégraissée au préalable – ou de poisson et de légumes.

Les aliments cuisent dans leur jus, qui en s'évaporant crée une condensation à l'intérieur de la marmite.

C'est une cuisson parfaite à la condition de ne pas rajouter de matière grasse et de laisser cuire à feu doux.

Bien choisir les boissons

L'EAU

Bien que cette idée paraisse incongrue à certains, notre corps contient une forte proportion d'eau (jusqu'à 70%). L'eau baigne nos cellules, nos fibres, transporte les éléments nutritifs dans l'organisme, participe aux échanges, ralentit le vieillissement, etc. Omniprésente dans l'organisme, l'eau a un rôle essentiel, souvent mal compris. Un exemple : nombreux sont ceux qui pensent que boire beaucoup d'eau fait maigrir. Dans cet espoir, ils boivent 2 à 3 litres d'eau par jour.

C'est une erreur dangereuse. Sauf cas particulier – gros effort sportif, maladie spécifique –, cette pratique va obliger le corps à rejeter cette eau trop abondante, par l'urine ou la transpiration, ce qui représente un travail générateur de fatigue et une perte trop rapide des sels minéraux. Ce qui n'est pas évacué est retenu dans les cellules, provoquant l'apparition, au niveau du tissu conjonctif, de « cellulite ».

Conséquences : troubles digestifs, fatigue des reins, jambes lourdes, fatigue générale. Et un résultat contraire à celui qui est recherché : une surcharge pondérale.

Tous ces phénomènes seront encore aggravés si on boit une eau calcaire ou si on suit un régime lacté (surcharge de calcium), c'est le cas de beaucoup de femmes qui remplacent un repas par des aliments lactés de substitution.

Notre corps est bien réglé et sait nous manifester son besoin en eau. Fiez-vous à lui.

- Buvez si vous avez soif, chaque jour, en quantité suffisante et n'attendez jamais le moindre signe de déshydratation : bouche sèche, peau sèche, fièvre...
- Buvez par petites quantités, 1 à 1,5 litre d'eau dans la journée. Cette quantité peut augmenter de manière importante s'il fait très chaud ou en cas d'activité physique intense.

À table, je conseille un verre d'eau par repas, pas plus (l'eau dilue le bol alimentaire).

- Buvez à petites gorgées, l'eau ne doit pas tomber lourdement dans l'estomac (attention au pylore !).
- Buvez de l'eau à température ambiante : glacée ou brûlante, elle attaque brutalement la paroi stomacale.
- Méfiez-vous de l'eau du robinet. L'eau potable l'est de moins en moins, et les spécialistes s'alarment.

De plus en plus souvent, on retrouve dans l'eau des traces de nitrates (utilisés dans les engrais agricoles) en quantité supérieure à celle considérée comme acceptable. Dans certaines régions, l'eau est carrément impropre à la consommation. Les nitrates provoquent un syndrome parfois mortel, appelé « cyanose du nourrisson » ; ils sont soupçonnés d'être cancérigènes. Si vous êtes dans une région à risque, il est prudent de boire de l'eau minérale.

- Choisissez une eau peu minéralisée. Les eaux très minéralisées contiennent des principes actifs, et seul votre médecin saura vous conseiller celle qui convient.
- Pour ma part, je change régulièrement de marque.

Quand on contrôle et limite sa consommation, l'eau devient une alliée dans la chasse aux kilos superflus.

VINS ET ALCOOLS

Je n'ai ni le courage ni l'envie de vous interdire de boire du vin. C'est un des produits les plus raffinés de notre civilisation, et le plaisir qu'il procure est appréciable. Le vin a des qualités non négligeables. Grâce à son tanin, à sa légère acidité, il facilite la digestion des viandes et du fromage. Il contient du glucose, du fructose et, en petites quantités, des vitamines, des sels minéraux, des oligo-éléments.

Je vous demande simplement de limiter votre consommation à un ou deux verres de vin par repas, et d'éliminer les vins trafiqués, toujours acides. On trouve dans le commerce des bouteilles de bon vin à des prix abordables. Ne mélangez pas les vins, abstenez-vous d'en boire si vous suivez un traitement médical. Sous ces différentes conditions, le vin sera un allié dans votre chasse à la surcharge pondérale.

Il n'en est pas de même des boissons à haut degré alcoométrique et sucrées, qui peuvent devenir de véritables poisons et qui, en tout état de cause, réduiraient à néant vos efforts pour maigrir. Éliminez donc les alcools, du cocktail au whisky, en passant par le cognac, l'armagnac, la vodka, etc. Tous ces produits font grossir. Alors...

LA BIÈRE

Boisson fermentée à base d'orge germée, d'eau, de houblon, de levure, la bière contient des glucides (4 à 7%), du sodium, du potassium, du magnésium et quelques vitamines du groupe B.

Sa teneur en alcool varie généralement de 2 à 5,5%.

Comme toutes les boissons fermentées, elle peut provoquer ballonnements et coliques, et elle fait grossir. Je vous la déconseille.

LE CIDRE

Le cidre est une boisson produite à partir de pommes, alcoolisée à 5% environ, très riche en vitamines et sels minéraux, mais aussi très riche en sucre, le fructose. Lui aussi doit donc être banni de votre table pendant votre période d'amaigrissement.

JUS DE FRUITS OU JUS DE LÉGUMES

Médecins, nutritionnistes et naturopathes portent sur les fruits des avis différents.

Les uns recommandent de les consommer au début du repas et déconseillent de les mélanger avec tout autre aliment. Les autres préconisent de les prendre le matin à jeun. Moi-même j'ai longtemps hésité. J'avoue que, sur la foi des enseignements reçus, j'ai persisté dans l'erreur, prônant les vertus des jus de fruits, oubliant mes souvenirs d'enfance à la campagne : je n'ai jamais vu un fermier manger une pomme ou une poire le matin à jeun, à plus forte raison boire un jus de fruits.

Aujourd'hui, fort de mon expérience de thérapeute, je constate que je supprime les ballonnements de ventre de mes patients et que j'obtiens plus rapidement des résultats sur leur perte de poids en supprimant les jus de fruits et les fruits le matin et en dehors des repas.

Beaucoup de personnes pensent encore qu'un cocktail de jus de fruits ou de légumes ou qu'un fruit le matin au réveil, c'est bon pour la santé!

Peut-être n'aviez-vous pas, jusqu'à ce jour, fait le rapprochement entre la consommation d'un jus ou d'un fruit le matin à jeun et des sensations désagréables de renvois, d'aigreurs ou de brûlures d'estomac que vous avez ressenties dans la matinée.

C'est pourquoi, contrairement à l'opinion de la plupart des nutritionnistes, je déconseille la consommation des fruits et des jus de fruits à jeun aux personnes présentant un problème d'acidification (les fruits fermentent dans l'estomac, entraînant la fermentation de tout ce que nous mangeons ensuite).

Le jus de fruits ou de légumes et les fruits sont mieux tolérés dans les climats chauds ou en été. Ils ont alors un effet rafraîchissant et les acides sont plus facilement métabolisés. Mais, attention, ils doivent être pressés au dernier moment et bus à petites gorgées (ils deviennent alors moins acidifiants).

Bien choisir les aliments

LES FRUITS

Attention à la diète aux fruits.

Elle peut se révéler extrêmement dangereuse, surtout si elle est prolongée, en hiver ou dans un climat froid, pour des personnes fatiguées, ou nerveuses, les diabétiques qui s'ignorent et pour tous ceux qui ont un système neurovégétatif fragile.

La surconsommation de fruits prive l'organisme de protéines, de minéraux, phosphore, calcium, apportés par les autres catégories d'aliments. L'organisme devient incapable de neutraliser les acides des fruits.

En conséquence, cette diète peut entraîner spasmophilie, anémie, tétanie, chute de tension, perte de vitalité, frilosité, fonte des muscles, insomnie, perte de libido... On ne peut l'accepter que dans les climats chauds ou l'été, un jour par semaine; elle doit être réservée à des gens de forte vitalité ne présentant aucune carence minérale ou humorale, et comme un décrassage.

Je conseille un fruit de saison par jour. À la fin du repas, le fruit fluidifie le bol alimentaire, dissout les mauvaises graisses et abaisse le taux de cholestérol.

LES PRODUITS LAITIERS

Le lait, entier ou écrémé, stérilisé, homogénéisé, en poudre, concentré, caillé, les fromages, le yaourt, le fromage blanc, le petit-suisse, les crèmes-desserts, la crème fraîche, les produits allégés ou additionnés de parfums, de fruits, de sucre, de colorants, de conservateurs, de stabilisateurs ou enrichis en vitamines... La liste des produits laitiers dénaturés est interminable.

En outre, si les laitages riches en protéines et en calcium favorisent sans conteste la croissance de l'enfant, ils deviennent indigestes pour la plupart des adultes. Au lait entier préférez le lait demi-écrémé.

On doit donc diminuer la consommation des laitages pour se tourner vers celle des fromages peu fermentés et peu gras, à pâte ferme, ne dépassant pas 30 % de matière grasse : beaufort, comté, fromage de chèvre (crottin de Chavignol, Selles-sur-Cher).

Ces trois exemples vont vous donner le rapport de concentration de certains produits laitiers :

• pour confectionner un yaourt, il faut 1/4 de litre de lait ;

• pour un fromage blanc de 100 grammes, 1 litre de lait ;

• pour un morceau de gruyère de 100 grammes, 1 litre de lait.

Alors que la ration quotidienne raisonnable d'un adulte bien portant et supportant les laitages ne devrait pas excéder 1 verre de lait par jour, ou l'équivalent en produits lactés.

Les produits laitiers contiennent beaucoup de calcium, dont l'excédent est dangereux, même si certains pensent encore que la teneur en calcium est la principale qualité des produits lactés. Contenant aussi beaucoup de glucides, les produits laitiers augmentent la fermentation intestinale, et doublent le temps de la digestion. Rappelez-vous ce que je vous ai dit : manger du fromage à la fin d'un repas équivaut à faire un second repas.

Vous comprenez maintenant ce que je pense des personnes qui ingurgitent plusieurs yaourts par jour, ou dont l'alimentation de base est le produit laitier sous toutes ses formes. Ou de celles (ce sont souvent des femmes) dont le régime favori (très soutenu par la publicité), acheté en pharmacie ou dans des maisons de régimes (pour lui donner une meilleure caution), est un substitut de repas à base de lait, sous forme liquide ou semi-liquide, parfumé (pour le rendre plus attractif) au chocolat, à la vanille, au café, au citron... Ces produits de régime dérèglent tout le système neurovégétatif (voir page 68) avec, quelquefois, des effets catastrophiques : insuffisance rénale, reins calcifiés...

Il est d'ailleurs scandaleux que des professionnels de l'industrie alimentaire sans scrupules utilisent l'image de personnalités (des comédiennes entre autres) pour attirer des femmes et des hommes crédules vers des produits dits amaigrissants dont les effets peuvent être désastreux pour l'équilibre et la santé.

LES CÉRÉALES

C'est l'ensemble des graines qui constituent la nourriture de base de l'humanité : riz, maïs, blé, orge, millet, seigle, froment, avoine, sarrasin.

Ces graines sont depuis des siècles préparées crues ou cuites, en bouillie ou moulues sous forme de farine pour confectionner la pâte pour les galettes, les crêpes, le pain ou la pâtisserie.

L'appauvrissement des sols de culture et les techniques modernes pour obtenir de meilleurs rendements ont rendu ces graines sensibles aux maladies; l'homme doit recourir aux engrais artificiels, aux pesticides et aux produits chimiques pour les protéger et assurer leur récolte.

C'est ainsi que les céréales qui étaient parfaitement tolérées il y a encore cinquante ans, quand je travaillais dans les fermes, car elles avaient encore toutes leurs propriétés nutritives, provoquent aujourd'hui (je le constate chaque jour dans mon cabinet en traitant les ventres de mes patients) des ballonnements, une irritation de la muqueuse intestinale, des colites, des colopathies, des états de constipation...

Certains ont d'eux-mêmes écarté la consommation des céréales complètes qu'ils ne supportaient pas : flocons d'avoine, crêpes au blé noir, pain complet, pain de seigle, de son et se sont portés sur des farines raffinées. Ces farines sont, à mon avis, beaucoup plus nocives car dépourvues de propriétés nutritives et laissent, au niveau des intestins, des dépôts toxiques qui encrassent l'appareil neurovégétatif.

Ces graines raffinées sont à la base de la confection du pain blanc, du pain de mie, de toutes les pâtisseries, viennoiseries, biscuits : pain d'épices, croissants, petits pains, brioches, pains au chocolat... et des préparations pour le petit déjeuner : mueslis, flocons, grains ou pétales de maïs, blé, riz enrobés de sucre, de chocolat, de caramel et souvent additionnés de fruits secs ou d'oléagineux.

La consommation de toutes ces céréales au goût sucré a pour conséquence une hypersécrétion des sucs digestifs et des sucs bilio-pancréatiques, ralentissant la vidange de l'estomac, entretenant une fermentation intestinale, transformant le tube digestif en un véritable bouillon de culture avec indigestion chronique et, fréquemment, constipation.

Parallèlement, j'observe souvent que l'appétit, le matin, disparaît – comme le petit déjeuner. Celui-ci est alors limité à la consommation d'un excitant, café ou thé, pour « faire démarrer la machine ». Toute la journée, naturellement, se déroulera sous le signe du déséquilibre alimentaire, avec coupures d'énergie, coups de pompe, pertes de mémoire, fatigue physique et psychologique. Et, dans tous les cas, prise de poids.

En limitant les céréales complètes à deux tartines le matin et en supprimant tous les aliments acidifiants, mes patients retrouvent un bien-être, puis un ventre plat ! En quelques semaines, ils perdent du poids, et ceux qui présentent des problèmes allergiques (asthme, bronchite chronique) ou cutanés (acné, psoriasis, eczéma...) voient leurs troubles disparaître. Tous mes patients dont le système neurovégétatif a été rééquilibré ont maigri et, le cas échéant, je le répète, ont vu aussi s'atténuer, puis disparaître, leurs troubles allergiques.

LES LÉGUMES

Les légumes constituent nos meilleures défenses contre les agressions des acides, grâce aux précieuses substances alcalinisantes qu'ils renferment. Certains légumes sont pauvres en calories (salades, légumes verts), tous sont riches en vitamines B et C, en oligo-éléments – fer et cuivre –, en matières minérales, en magnésium, potassium et calcium. Les légumes sont une aide précieuse pour la digestion des sucres lents (pâtes, riz, lentilles, etc.) et la digestion des viandes, volailles, poissons. Un bol alimentaire s'équilibre avec des légumes. On doit donc en manger à chaque repas. Mais lesquels ? Les légumes constituent une grande famille. Nous allons procéder à une revue de détail.

LES TUBERCULES

La pomme de terre est en première ligne des aliments alcalinisants. Or, elle est toujours écartée dans les régimes amaigrissants. Pour moi, elle ne fait grossir que ceux qui en mangent trop. Elle a de grandes vertus : riche en amidon, elle remplace parfaitement les céréales, dont elle n'a pas le caractère acidifiant, elle est riche en potassium, en acides aminés, en vitamines B, PP et C. Elle est parfaitement digeste si on la choisit à chair jaune (plus riche en protéines) et ferme. Elle doit avoir une forme régulière, une peau lisse sans taches (les taches vertes renferment des produits toxiques), elle ne doit pas être farineuse. Entre avril et juillet, choisissez les pommes de terre primeurs.

La pomme de terre crue doit être épluchée au dernier moment, car elle noircit en s'oxydant. Elle peut se conserver quelque temps dans un récipient avec de l'eau fraîche, mais jamais d'un repas à l'autre.

Les pommes de terre sont délicieuses en frites (à condition que l'huile soit conservée à l'abri de la lumière, filtrée et jamais utilisée plus de deux ou trois fois de suite).

Pour conserver au maximum ses vitamines, faites cuire la pomme de terre avec sa peau, en robe des champs.

Je déconseille les pommes de terre vendues en sac ou sous vide déjà épluchées, grattées et débitées sous forme de cubes, de frites : elles ont perdu toutes leurs vitamines.

LES HERBACÉES

Toutes les salades : laitue, batavia, scarole, frisée, cresson.

Toutes les herbes : persil plat ou frisé, basilic, ciboulette, estragon, et aussi l'artichaut, le poireau, le concombre, la courgette, le chou, les champignons et les tomates.

Ces légumes sont riches en eau, en fibres et en vitamine C. Les plus colorés sont les plus riches en vitamines. Par exemple, le cœur d'une salade, plus clair, contient moins de vitamine C que les feuilles extérieures, très vertes; un légume à pleine maturité est plus riche en vitamine C qu'un légume cueilli trop jeune; un légume de saison qui vient d'être cueilli plus qu'un légume conservé quelques jours.

Attention, la tomate peut se révéler acide. Comme toutes les crudités, elle est mieux tolérée au milieu du repas, surtout si vous en retirez la peau. Elle se digère mieux et devient une alliée contre la constipation.

L'artichaut est quelquefois très mal supporté parce qu'il augmente la formation et l'élimination de la bile, il faut le consommer cuit et, pour la plupart des gens, se limiter à un demi.

LES RACINES

Carottes, radis, betteraves, salsifis, asperges, navets, céleri-rave.

Les racines contiennent des fibres et un peu moins d'eau que les herbacées. Chez les personnes âgées, elles sont plus difficiles à digérer.

Les carottes et les racines les plus colorées sont plus riches en vitamine C, mais elles contiennent aussi du sucre et sont irritantes et très mal tolérées par les personnes souffrant de colopathie ou de colite (inflammation du côlon). Je les déconseille pendant votre programme d'amaigrissement, ou alors prenez-les en très petites quantités.

LES LÉGUMINEUSES

Lentilles, haricots blancs, pois chiches, pois cassés, petits pois, fèves...

Comme elles sont très riches en protéines (souvent plus que certaines viandes), on les appelle les protéines végétales. Elles apportent aussi du fer, du phosphore, du magnésium et du calcium. En revanche, il leur manque certains acides aminés essentiels.

Les légumes secs conviennent aux organismes solides, aux travailleurs manuels, aux sportifs. Consommés une ou deux fois par semaine, en petite quantité, ils peuvent remplacer la viande. Ils sont excellents pour la santé. Mais n'en abusez pas : un excès peut provoquer des intolérances, des fermentations intestinales, un état de constipation et une prise de poids. Choisissez en priorité les légumineuses fraîches si vous avez tendance à avoir des problèmes digestifs.

Une bonne habitude : décorez vos préparations de fines herbes fraîches hachées, qui compenseront la perte de vitamines des légumes cuits.

La diversité des légumes vous offre de nombreuses possibilités pour composer vos menus au restaurant et préparer à la maison de délicieuses recettes au goût de vos amis et de toute la famille.

LÉGUMES CUITS OU CRUS

Les légumes contiennent plus de vitamines crus que cuits, mais ils sont plus difficiles à digérer et demandent une meilleure mastication.

Une fois épluchées, tranchées, râpées, les crudités seront immédiatement apportées à table pour être consommées dans les dix minutes.

Les légumes cuits seront servis dès la fin de la cuisson.

Au-delà de ces délais, la crudité ou le légume perd ses vitamines et oligo-éléments, s'oxyde, devient acide et déclenche les dérèglements dont je vous ai longuement parlé. Vous pouvez en faire l'expérience simple avec la pomme de terre qui, épluchée et laissée au contact de l'air, devient noire en une demi-heure. C'est quelquefois moins apparent pour d'autres légumes, mais le processus est identique (et le phénomène est similaire pour les fruits).

Pour cette raison, je voudrais vous mettre en garde contre toutes les crudités et préparations de légumes vendues chez les traiteurs, les boulangers, les bouchers, etc.

Malgré de grandes précautions d'hygiène et de conservation dans le milieu frais des vitrines d'exposition, les légumes n'échappent pas, au contact de l'air, à l'oxydation et à l'acidification. Ils sont quelquefois, dans le meilleur des cas, présentés depuis le matin, donc quelques heures. Ajoutez à cela le temps de les rapporter à la maison... C'est une intoxication que vous programmez !

De même à la maison si vous avez consommé des légumes dans les meilleurs délais, juste après la préparation, faites attention aux restes que vous rangez soigneusement dans des récipients spéciaux ou dans du papier de conservation : ils sont déjà oxydés et ils ne seront donc plus consommables au moment du repas suivant.

Attention aux crudités et aux salades mélangées! Les légumes crus contiennent beaucoup d'eau. Ne mangez jamais de crudités à jeun : dans l'estomac vide, elles apportent une acidité génératrice de fermentation. Ne l'oubliez pas.

Dans le même esprit, évitez les salades niçoises en entrée. Elles associent œuf dur et anchois à l'huile, qui sont difficiles à digérer. Choisissez plutôt une simple salade de batavia, mâche, mesclun, endive, ou une tomate dont vous aurez retiré la peau (il suffit de la tremper quelques secondes dans une casserole d'eau bouillante).

Si vous n'avez pas le temps de cuisiner, faites appel aux légumes –et aux autres produits– surgelés, en boîte ou lyophilisés; ils conservent leurs qualités nutritives et leurs vitamines si vous les consommez immédiatement. Ne conservez pas les restes, surtout pas dans des boîtes en métal : vous risquez l'intoxication.

LES HERBES AROMATIQUES

Elles sont toutes alcalinisantes.

Ciboulette, estragon, basilic, oseille, persil plat ou frisé, aneth, coriandre, menthe, verveine, cerfeuil, thym, sarriette, romarin, sauge, laurier, fenouil... la liste en est aussi longue que leurs vertus thérapeutiques sont multiples : stimulantes ou calmantes de la digestion, aphrodisiaques, etc. On les utilise pour rehausser, exhaler le goût d'un plat.

Elles ont – c'est très important pour maigrir – la vertu d'alcaliniser des mets acidifiants.

- Les herbes sèches sont parfois plus fortes en saveur que les herbes fraîches.
- Certaines herbes fraîches perdent de leur saveur à la cuisson, comme le basilic. Il faut donc attendre la fin de la cuisson pour les ajouter.
- Certaines herbes conservent leur parfum aussi bien sèches que fraîches : thym, romarin, laurier, sauge, origan.
- Alors que d'autres perdent leur parfum en séchant : persil, ciboulette, basilic.

Dans tous les cas, après un an, il faut renouveler vos herbes séchées, car elles perdent leur parfum.

Certaines sont à utiliser avec parcimonie car leur senteur est très puissante : sauge, romarin...

La plupart des herbes aromatiques sont disponibles dans les grandes surfaces fraîches, sèches ou lyophilisées. Vérifiez les étiquettes pour vous assurer qu'elles ne contiennent pas d'additifs chimiques.

Sur tous les marchés et suivant les saisons, vous trouverez des herbes fraîches que vous pourrez vous-même faire sécher ou congeler.

Pour les congeler, hachez finement vos herbes fraîches soit par espèce, soit en mélange, et disposez-les dans un bac à glaçons : vous pourrez utiliser aisément un glaçon au basilic, ou au persil, pour vos préparations culinaires.

Cette approche des herbes vous donnera peut-être l'envie de les cultiver si vous disposez d'un bout de jardin ou d'une cour. Mais, même dans un très petit appartement, vous pouvez, dans un coin de la cuisine, garder quelques pots ou un bac contenant les principales herbes à usage quotidien : persil, ciboulette, basilic...

❑ *Le persil*

Il en existe deux sortes : le plat et le frisé. Florence, mon épouse, utilise surtout le persil plat, plus parfumé, qui entre dans la préparation de presque toutes ses recettes à cuire (courts-bouillons, poissons au four, volailles ou viandes mijotées), dans sa sauce aux herbes pour les crudités, et dont elle parsème les légumes au moment de servir. C'est un laxatif et un diurétique très doux. Il aide à la digestion. Il est riche en vitamines, principalement la C, en minéraux et oligo-éléments : fer, iode, magnésium.

❑ *La coriandre ou persil chinois*

Elle ressemble un peu au persil, en plus fin et plus fragile, et ses graines sont utilisées comme épice. Elle est excellente contre les problèmes intestinaux (coliques, flatulences). Au Moyen Âge, elle entrait dans la préparation des philtres d'amour.

Elle est largement utilisée dans la cuisine asiatique et méditerranéenne.

Florence l'emploie beaucoup. J'aime son odeur parfumée, délicate et poivrée, quand elle est fraîche, mais aussi cuite, dans les préparations d'agneau, de poisson à la vapeur ou de courts-bouillons.

❑ *Le cerfeuil*

Il est délicat, au parfum anisé.

Au Moyen Âge, il était prescrit comme plante médicinale diurétique et dépurative du foie et des reins, pour traiter la mauvaise circulation.

Choisissez-le toujours frais, avec d'autres herbes pour la sauce aux herbes, mais aussi comme garniture des légumes, des salades ou des volailles.

❑ *La ciboulette*

Petite sœur de l'ail, elle a un petit goût d'oignon. Florence l'utilise toujours crue. Coupez finement ses tiges dans les salades, les œufs brouillés ou en omelette, sur les légumes cuits ou en garniture.

❑ *L'estragon*

Cette herbe est très parfumée. À elle seule, elle transforme un simple plat en mets raffiné. Glissez quelques branches d'estragon dans la volaille avant de la mettre au four. Hachez quelques feuilles pour la sauce aux herbes.

L'estragon accélère le processus de la digestion grâce à son effet stimulant.

❑ *La sauge*

Elle a de belles feuilles amande et une bonne odeur camphrée.

Ses propriétés sont digestives ; elle lutte contre la constipation et la fatigue.

On l'utilise en bain de bouche et en gargarisme ; ses indications sont multiples.

Les Romains la considéraient comme une herbe sacrée. Employez-la fraîche ou sèche pour parfumer les préparations de poisson, de viande et aussi en infusion comme tonique nerveux et comme stimulant de la digestion. Jetez quelques feuilles fraîches de sauge dans de l'eau froide, faites bouillir pendant 5 minutes et laissez infuser 5 autres minutes. Quand l'infusion aura tiédi, buvez une tasse le matin ou après le déjeuner à petites gorgées.

❑ *Le basilic*

Ses feuilles sont très parfumées. Ses propriétés sont antispasmodiques, digestives et revitalisantes. Le basilic ne supporte pas l'ébullition, il est trop fragile.

Utilisez-le dans la sauce aux herbes, pour les salades et les crudités et, frais, dans les pâtes ou avec les légumes.

Picasso, que j'ai soigné, m'a révélé que l'un de ses secrets de vitalité se trouvait dans le basilic, qu'il récoltait lui-même dans les collines de Saint-Paul. Il m'expliquait que les plantes recueillies à l'aurore représentaient une garantie de santé de son ventre – où il disait puiser l'essentiel de son énergie.

❑ *Le romarin*

Son arôme est très camphré. C'est un stimulant du cœur, un tonique pour les personnes fatiguées ou dépressives, un digestif et un diurétique.

Employez-le avec modération, car c'est une plante très stimulante. À forte dose, il peut avoir l'effet contraire.

Dans sa cuisine, Florence l'utilise sur les viandes ou les poissons, ou en infusion, pour décongestionner le foie et la vésicule biliaire.

❑ *Le thym*

Il existe plusieurs variétés de thym (thym commun, thym citron, thym serpolet). Leurs propriétés sont identiques et leur parfum rappelle le citron ou la verveine. Utilisez toujours le thym frais ou séché dans les courts-bouillons, avec les grillades de poisson ou de viande.

❑ *Le laurier-sauce*

Ses belles feuilles luisantes ont une saveur épicée et des vertus antiseptiques.

Le laurier favorise la digestion, c'est un diurétique et un désinfectant.

Séchées et écrasées, les feuilles de laurier dégagent encore plus d'arôme dans les courts-bouillons, avec les rôtis ou les poissons au four.

❑ *L'aneth*

Sa saveur est légèrement anisée. Il a des propriétés calmantes et digestives.

À utiliser presque toujours dans la préparation des poissons au four ou en papillote.

❑ *La menthe*

Il en existe de nombreuses variétés : menthe verte, poivrée... Elles ont toutes les mêmes propriétés : la menthe favorise la digestion, est antiseptique, rafraîchit l'haleine, stimule la virilité chez l'homme. C'est un tonique de l'organisme dont il ne faut pas abuser. S'emploie en infusion ou pour décorer les salades de fruits.

❑ *L'oignon*

C'est un bulbe extrêmement parfumé. Il est essentiel dans notre cuisine, finement haché ou tranché en rondelles, dans la préparation des poissons, des viandes, des plats de légumes ou entier dans le court-bouillon.

L'oignon est, comme l'ail, un antiseptique, un anti-infectieux, il facilite la digestion et nettoie l'organisme.

❑ *L'ail*

C'est un bulbe composé de huit à dix gousses. Son odeur et son goût forts ne conviennent pas à tout le monde. L'ail a des propriétés antiseptiques et antibiotiques, il régénère la flore intestinale et on prétend que c'est un régulateur de tension.

Finement haché et en petite quantité, il est agréable dans la sauce aux herbes ; mais aussi écrasé, dans un court-bouillon, ou dans les volailles.

LE POISSON

L'apport en protides du poisson est égal à celui de la viande. En outre, le poisson contient plus de vitamines (B, A, D) et plus de sels minéraux (fer, phosphore, iode, calcium). Par ailleurs, le poisson le plus gras contient autant de lipides que la viande la plus maigre (les graisses du poisson sont des acides gras non saturés, plus digestes et plus efficaces contre le mauvais cholestérol).

Les poissons, s'ils sont pêchés en pleine mer (et non d'élevage), sont un des rares produits encore naturels, non altérés par l'industrie alimentaire.

Un grand choix s'offre à vous entre les fruits de mer, les crustacés, les coquillages et les poissons.

- Les poissons de mer maigres : colin, cabillaud, sole, limande, merlan, raie, bar, etc.

- ou un peu plus gras : maquereau, rouget, saumon, etc.
- ou les poissons de rivière ou de lac : carpe, truite, brochet, etc.

Attention à la fraîcheur, c'est la priorité, soyez rigoureux.

- On reconnaît le poisson frais à son odeur agréable, ressemblant à celle d'une algue marine.
- La chair doit être ferme, le poisson brillant, humide et coloré, avec un œil vif.
- Sur un étal, poissons et fruits de mer se présentent sur de la glace, parmi des algues ou des feuillages, régulièrement arrosés s'il fait chaud.
- N'achetez que des crustacés ou des coquillages encore vivants ou, si vous connaissez bien votre poissonnier, des crustacés qui viennent d'être cuits (crabe, langoustine, homard, crevettes).
- Si vous achetez des filets ou des tranches de poisson, vérifiez la fermeté et la couleur de la chair.

LA VOLAILLE

Si votre choix se porte sur le poulet, la dinde, le dindonneau, la pintade, le canard, optez de préférence pour des volailles fermières ayant un label garantissant leur qualité, leur provenance et les conditions d'élevage.

Ces informations vous permettront de sélectionner des volailles d'au moins douze semaines d'âge (en dessous, elles sont plus riches en eau et moins savoureuses à poids égal).

Si les bêtes sont trop grosses, vous pouvez facilement acheter une volaille désossée, ou même une cuisse ou un seul morceau de blanc.

Demandez à votre boucher des poulets désossés, coupés, dont il a retiré la peau.

Notez que les protéines des volailles sont beaucoup plus faciles à digérer que celles de la viande, à condition de ne pas manger la peau.

LA VIANDE

La viande est plus riche en protéines et en acides aminés essentiels, ainsi qu'en vitamines (B, B12) et en fer, mais elle contient aussi des graisses ; on ne doit pas en manger plus de deux fois par semaine. Sauf si on manque de fer. La viande rouge est mieux assimilée que les compléments de fer que pourrait vous prescrire votre médecin car ils sont souvent générateurs de constipation. Si vous n'aimez pas la viande rouge, reportez-vous sur les légumineuses telles les lentilles (voir page 220.)

Choisissez une viande maigre de première catégorie. Votre boucher vous conseillera sur le morceau à prendre suivant la préparation (grillée ou en rôti) que vous prévoyez et il le dégraissera si cela est nécessaire. La viande blanche est plus facile à digérer : veau, lapin, ou volaille.

- Évitez les viandes sous conditionnement : déjà tranchées, hachées, assaisonnées et préemballées.
- Si vous achetez de la viande hachée, exigez que le boucher la prépare devant vous à partir d'un morceau dépourvu de gras et consommez-la dans les heures qui suivent.
- Évitez les viandes les plus grasses, lourdes à digérer : le porc, certains morceaux de bœuf ou de mouton.
- Évitez de faire cuire la viande en ajoutant de la graisse (huile, beurre). La viande, outre les protéines, contient des lipides cachés.

Si vous n'aimez pas la viande rouge, ne vous forcez pas, vous pouvez la remplacer par la viande blanche, la volaille, le poisson, les coquillages ou les crustacés, tout aussi nourrissants et contenant autant de protéines et souvent beaucoup moins de lipides.

LES CORPS GRAS

Les corps gras d'origine animale ou végétale sont des lipides. Ils sont utilisés crus ou cuits dans les préparations des plats et dans les assaisonnements.

❑ *Le beurre*

Il contient des lipides (82 à 84%) et de l'eau (12 à 16%). C'est une excellente source de vitamines (A, D et E). Mais le beurre est riche en cholestérol et en acides saturés et il faut éviter, si l'on veut maigrir, d'en consommer plus de 30 grammes par jour.

Il se digère mieux cru que cuit, car il se dénature au-dessus de 80°C (il devient brun et toxique). Méfiez-vous de la cuisine au beurre au restaurant!

❑ *La margarine*

Elle peut être d'origine animale ou végétale. Elle est moins digeste que le beurre, et tout aussi calorique.

Cuite, elle se dénature comme le beurre et ne supporte pas la friture. Je la déconseille.

❑ *Les huiles*

Ce sont des corps gras pratiquement purs, à consommer en petites quantités. La teneur en vitamines de l'huile dépend à la fois de son origine, de sa maturité et des méthodes employées pour son extraction et son raffinage.

Vous choisirez de préférence, d'après l'étiquette, une huile de première pression à froid ; vous éliminerez les huiles raffinées qui subissent des opérations chimiques.

Les huiles sont fragiles, elles doivent être conservées fermées, à l'abri de la lumière et de la chaleur, sinon elles s'oxydent.

Je conseille l'huile d'olive, l'huile de maïs, de tournesol ou de pépins de raisin.

LE SEL

Il n'est pas nécessaire pour maigrir de faire un régime sans sel (sauf dans les cas d'hypertension). Mais il est contre-indiqué de trop saler.

Donc, salez modérément à la cuisson, et ne resalez pas ensuite. Évitez toutes les charcuteries, les viandes et les poissons conservés dans le sel, ou fumés.

LES ÉPICES ET LES CONDIMENTS

N'abusez pas de la moutarde, du poivre blanc, vert ou gris, du piment, du paprika, du gingembre, du curry, de la cannelle, du cumin, de la noix de muscade, du safran, des clous de girofle, de la vanille.

Les épices et condiments relèvent et parfument le goût des mets. Ils proviennent, pour la plupart, des pays exotiques; ils sont largement utilisés dans la cuisine indienne, chinoise, antillaise, marocaine, tunisienne...

Leurs vertus sont digestives et, dit-on parfois, aphrodisiaques.

Certaines épices ou certains condiments peuvent avoir une action irritante au niveau de la muqueuse intestinale, et sont à employer raisonnablement.

Attention aux assaisonnements tout prêts, en pots ou en tubes : mayonnaises, sauces tomate, moutardes, qui sont souvent lourds à digérer parce que trop gras, additionnés de sucre ou de vinaigre. Ils dénaturent le goût des plats.

LE MIEL

Le miel est un sucre naturel dont la composition (oligo-éléments, vitamines, sels minéraux...) et les qualités varient suivant le paysage (plaine ou montagne) ou la végétation (fleurs ou plantes) dont il est issu.

Le miel contient du glucose en quantité importante. Il nécessite donc, pour être bien digéré, une grande quantité d'insuline. C'est un aliment complet, difficile à assimiler par un système neurovégétatif fragile. Associé avec d'autres aliments (pain, beurre, laitages, céréales, fruits ou jus...), il stoppe la digestion buccale et stomacale, produit de l'acidité, de la fermentation, des brûlures d'estomac, des colites... et même quelquefois des réactions cutanées et des allergies.

C'est pour ces raisons que je le déconseille en cas d'appareil digestif fragile.

C'est un aliment excellent pour les sportifs, les enfants, les travailleurs manuels, à condition de le déguster à jeun, seul, pris sous la langue comme un oligo-élément : c'est ainsi que l'utilisaient les paysans de mon enfance.

LA CONFITURE

La confiture (même celle faite maison) est un sucre rapide, acidifiant, indigeste, qui perturbe tout le bol alimentaire. La confiture déclenche, au niveau de l'estomac, une hypersécrétion des sucs gastriques et des sucs bilio-pancréatiques, entraînant immédiatement une inflammation de la muqueuse intestinale, une fermentation, un ralentissement de la digestion, un coup de pompe (hypoglycémie) et une prise de poids.

En supprimant le miel et la confiture le matin au petit déjeuner, en les remplaçant par une protéine au goût salé, un grand nombre de mes patients ont retrouvé très rapidement la santé de leur ventre et ils ont maigri.

Adapter les menus aux saisons

Florence, excellente cuisinière, a mis au point une série de menus équilibrés, de plats savoureux et variés, fondés sur le respect des saisons. Ces menus sont faciles à réaliser chez vous (voir recettes pages 247 et suivantes) et inspireront vos choix au restaurant. Vous y trouverez des suggestions pour le petit déjeuner, le déjeuner et le dîner – les trois repas incontournables de ma méthode d'amaigrissement naturelle.

Ne mangez plus n'importe quoi, n'importe quand. Adaptez vos choix à la saison surtout pour les légumes et les fruits : par exemple évitez tomates, fraises et pêches en hiver, pommes et poires en été. Vous aurez une garantie de fraîcheur, vous éviterez les produits artificiellement mûris. Non seulement, vous profiterez du maximum de goût et de valeur énergétique (vitamines, oligo-éléments) mais vous ferez aussi des économies. Et vous serez en harmonie avec des rythmes naturels : ce n'est pas par hasard, croyez-le bien, qu'on mange l'agneau à Pâques, la dinde à Noël, les châtaignes en octobre, le faisan en période de chasse.

7 JOURS AU PRINTEMPS

Lundi

Petit déjeuner
- 1 tranche de pain de seigle beurrée
- 1 tranche de jambon maigre
- 1 brin de coriandre
- 1 kiwi
- Infusion de chicorée

Déjeuner
- Brochette de poulet
- 2 cuillerées de riz cantonnais
- Salade de pissenlit
- 1 yaourt nature

Dîner
- Jeunes pousses d'épinards à la vapeur
- 2 œufs pochés
- Sorbet fruit de la passion

Mardi

Petit déjeuner
- 1 tranche de pain complet beurrée
- 1 morceau de fromage de chèvre
- 3 brins de ciboulette
- Thé vert

Déjeuner
- Couscous d'agneau et ses légumes
- 2 cuillerées de semoule
- Infusion de verveine

Dîner
- Pomme de terre à l'ail et au thym
- Salade de batavia et saumon
- Fraises

Mercredi

Petit déjeuner
- 1 tranche de pain aux céréales beurrée
- 1 filet de poisson
- 1 yaourt nature
- Infusion de verveine

Déjeuner
- Moules au naturel
- Pommes de terre frites
- Sorbet à la fraise

Dîner
- Colineau au court-bouillon
- Légumes nouveaux, noix de beurre
- Infusion de tilleul

Jeudi

Petit déjeuner
- 1 tranche de pain de campagne beurrée
- 1 œuf à la coque
- 1 brin de coriandre
- Cerises
- Infusion, 1/3 thym, 1/3 romarin, 1/3 sauge

Déjeuner
- Rôti de veau au curry
- Pâtes fraîches
- 1 yaourt nature
- Infusion de chicorée

Dîner
- Sole grillée
- Salade de chou rouge
- Sorbet à la mangue

Vendredi

Petit déjeuner
- 1 tranche de pain aux céréales beurrée
- 1 morceau de fromage à pâte dure
- 1 demi-pamplemousse
- Infusion de chicorée

Déjeuner
- Poulet grillé à l'estragon
- Haricots verts à la vapeur, noix de beurre
- Sorbet noix de coco

Dîner
- Tartare de poissons
- Pomme de terre au four
- Asperges tièdes
- Infusion de verveine

Samedi

Petit déjeuner
- 1 tranche de pain de seigle beurrée
- 1 blanc de poulet
- 1 brin de persil plat
- 1 yaourt nature
- Thé vert

Déjeuner
- Dorade au four
- Légumes à la vapeur
- Mousse au chocolat

Dîner
- Coquillettes, noix de beurre
- Jambon à l'os
- Scarole, sauce aux herbes
- Salade de fruits
- Infusion de camomille

Dimanche

Petit déjeuner
- 1 tranche de pain de campagne beurrée
- 1 œuf à la coque
- 3 brins de ciboulette
- 1 yaourt nature
- Infusion de chicorée

Déjeuner
- Chaudrée d'agneau et légumes
- Gâteau au chocolat

Dîner
- Poisson mariné
- 2 cuillerées de riz sauvage
- Salade de fruits parfumée à la fleur d'oranger

Légumes de saison

- Chou-fleur
- Concombre
- Courgette
- Fenouil
- Haricot vert
- Haricot mange-tout
- Laitue
- Navet
- Petit pois
- Poivron
- Poireau
- Radis
- Tomate

7 JOURS EN ÉTÉ

Lundi

Petit déjeuner
- 1 tranche de pain de campagne beurrée
- 1 morceau de fromage à pâte dure
- 4 feuilles de basilic
- Infusion de verveine

Déjeuner
- Poulet au thym
- Ratatouille fraîche
- 2 cuillerées de riz sauvage
- 1 pêche

Dîner
- Poisson mariné
- Salade de laitue aux herbes
- Mousse au chocolat

Mardi

Petit déjeuner
- 1 tranche de pain complet beurrée
- 1 œuf à la coque
- 3 brins de ciboulette
- 1 brugnon
- Infusion de chicorée

Déjeuner
- Lotte à l'ail et aux poivrons
- 2 cuillerées de riz blanc
- Salade de mesclun
- 1 yaourt nature

Dîner
- Tartare de poissons aux herbes
- Salade de tomates et basilic
- Sorbet au cassis

Mercredi

Petit déjeuner
- 1 tranche de pain aux céréales beurrée
- 1 morceau de fromage de chèvre
- 1 brin de coriandre
- Infusion 1/3 thym, 1/3 romarin, 1/3 sauge

Déjeuner
- Moules au naturel
- Pommes de terre frites
- Salade de mesclun
- 1 quartier de pastèque

Dîner
- Blanc de poulet
- Haricots verts à la vapeur
- Sorbet à la framboise

Jeudi

Petit déjeuner
- 1 tranche de pain de seigle beurrée
- Œufs brouillés aux herbes
- 2 prunes
- Thé vert

Déjeuner
- Crabe, sauce aux herbes
- 2 cuillerées de riz sauvage
- Salade de romaine aux crevettes
- 1 yaourt nature

Dîner
- Pâtes fraîches, coulis de tomates
- Filet de poisson à la vapeur
- Infusion de verveine

Vendredi

Petit déjeuner
- 1 tranche de pain de campagne beurrée
- 1 filet de poisson
- 1 brin de coriandre
- 1 yaourt nature
- Infusion de chicorée

Déjeuner
- Poulet de ferme au citron
- 2 cuillerées de riz blanc
- 1 tranche de melon

Dîner
- Langoustines tièdes, sauce aux herbes
- Haricots verts persillés
- Infusion de camomille

Samedi

Petit déjeuner
- 1 tranche de pain complet beurrée
- 1 tranche de jambon maigre
- 4 feuilles de basilic
- 1 yaourt nature
- Thé vert

Déjeuner
- Crêpe complète au sarrasin
- Salade frisée
- Sorbet au cassis

Dîner
- Carpaccio de saumon
- Pâtes au basilic, noix de beurre
- 1 pêche

Dimanche

Petit déjeuner
- 1 tranche de pain aux céréales beurrée
- 1 blanc de poulet
- 4 feuilles de basilic
- 1 pêche
- Infusion 1/3 thym, 1/3 romarin, 1/3 sauge

Déjeuner
- Rôti de bœuf à la moutarde
- Pommes de terre frites
- Salade de haricots verts
- Mousse au chocolat

Dîner
- Filets de poissons marinés
- Pomme de terre au thym
- Salade de concombre au yaourt et fines herbes
- Infusion de fleur d'oranger

Légumes de saison

- Aubergine
- Chou-fleur
- Concombre
- Courgette
- Épinard
- Haricot vert
- Haricot mange-tout
- Laitue
- Navet
- Petit pois
- Poivron
- Poireau
- Radis
- Romaine
- Scarole
- Tomate

7 JOURS EN AUTOMNE

Lundi

Petit déjeuner
- 1 tranche de pain de campagne beurrée
- 1 tranche de jambon maigre
- 1 brin de persil plat
- 1 yaourt nature
- Infusion de chicorée

Déjeuner
- Tagliatelles
- Escalope de veau
- Salade frisée
- 1 grappe de raisin blanc

Dîner
- Langoustines tièdes, sauce aux herbes
- Épinards à la vapeur
- Sorbet à la pomme

Mardi

Petit déjeuner
- 1 tranche de pain complet beurrée
- 2 œufs brouillés aux herbes
- 1 pomme
- Infusion de verveine

Déjeuner
- Pintade au chou
- 2 cuillerées de riz
- 1 yaourt nature

Dîner
- Cabillaud au court-bouillon
- 1 pomme de terre en robe des champs
- Salade de pissenlits
- Infusion de camomille

Mercredi

Petit déjeuner
- 1 tranche de pain aux céréales beurrée
- 1 morceau de fromage de chèvre
- 1 brin de persil plat
- Infusion 1/3 romarin, 1/3 sauge, 1/3 thym

Déjeuner
- Riz cantonnais
- Brochette de dinde et radis
- 3 figues fraîches

Dîner
- Poulet grillé à l'estragon
- Haricots verts persillés
- Mousse au chocolat
- Infusion de camomille

Jeudi

Petit déjeuner
- 1 tranche de pain de campagne beurrée
- 1 blanc de poulet
- 1 brin de cerfeuil
- 1 yaourt nature
- Infusion de chicorée

Déjeuner
- Pommes de terre frites
- Petit steak grillé
- Salade d'endives aux herbes
- 1 pomme

Dîner
- Crevettes
- Petits légumes à la vapeur, noix de beurre, herbes fraîches
- Infusion de fleur d'oranger

Vendredi

Petit déjeuner
- 1 tranche de pain de seigle beurrée
- 1 œuf à la coque
- 1 brin de coriandre
- 1 yaourt nature
- Infusion de verveine

Déjeuner
- Jambon à l'os
- Salade de chou
- Mousse au chocolat

Dîner
- Pommes de terre au thym
- Rouget barbet en papillote
- Sorbet à la poire

Samedi

Petit déjeuner
- 1 tranche de pain aux céréales beurrée
- 1 morceau de comté
- 3 feuilles de basilic
- 1 grappe de raisin
- Infusion de chicorée

Déjeuner
- Calamars à la provençale
- 2 cuillerées de riz
- Salade de mâche
- Yaourt nature

Dîner
- Faisan aux raisins
- Pâtes fraîches
- Infusion de verveine

Dimanche

Petit déjeuner
- 1 tranche de pain de campagne beurrée
- 1 œuf à la coque
- 3 brins de ciboulette
- 1 poire avec 1 yaourt nature
- Thé vert

Déjeuner
- Canard aux girolles
- Haricots verts et carottes à l'étouffée
- Tarte aux pommes à la cannelle

Dîner
- 2 cuillerées de riz blanc
- Bouillon de petits légumes
- Sole grillée
- Infusion de camomille

Légumes de saison

- Champignon
- Chou
- Citrouille
- Concombre
- Courgette
- Endive
- Épinard
- Fenouil
- Haricot vert
- Haricot mange-tout
- Laitue
- Navet
- Poivron
- Poireau
- Scarole
- Tomate

7 JOURS EN HIVER

Lundi

Petit déjeuner
- 1 tranche de pain aux céréales, beurrée
- 1 œuf à la coque
- 1 brin de cerfeuil à croquer
- 1 yaourt nature
- Infusion de chicorée

Déjeuner
- 12 huîtres
- Salade de mâche et betterave, sauce aux herbes
- Gâteau au chocolat

Dîner
- Poulet au thym
- Courgettes à la vapeur
- 1 cuillerée de riz blanc
- 1 kiwi

Mardi

Petit déjeuner
- 1 tranche de pain complet, beurrée
- 1 morceau de fromage de chèvre
- 3 brins de ciboulette
- Infusion 1/3 thym, 1/3 romarin, 1/3 sauge

Déjeuner
- Couscous de légumes
- Blanc de poulet
- Infusion de verveine

Dîner
- Sole grillée
- Brocolis, noix de beurre
- Salade de fruits parfumée à la fleur d'oranger

Mercredi

Petit déjeuner
- 1 tranche de pain de campagne beurrée
- 1 tranche de jambon maigre
- 1 brin de persil
- Thé vert

Déjeuner
- Crêpe de sarrasin
- 1 yaourt nature
- Infusion de chicorée

Dîner
- Filet de merlan au cidre et aux pommes
- Infusion de camomille

Jeudi

Petit déjeuner
- 1 tranche de pain aux céréales beurrée
- 1 morceau de fromage à pâte cuite
- Infusion de chicorée

Déjeuner
- Salade de maïs
- Coquilles Saint-Jacques au citron vert
- Infusion de verveine

Dîner
- Riz cantonais
- Salade de soja
- Litchis

Vendredi

Petit déjeuner
- 1 tranche de pain de seigle beurrée
- 2 œufs brouillés aux herbes
- 1 yaourt nature
- Infusion de verveine

Déjeuner
- Boudin noir
- Compote de pommes tiède, à la cannelle
- Infusion de chicorée

Dîner
- Raie au court-bouillon et ses légumes
- 2 cuillerées de riz blanc
- Salade d'agrumes

Samedi

Petit déjeuner
- 1 tranche de pain de campagne beurrée
- 1 blanc de poulet
- 1 poire
- Infusion 1/3 thym, 1/3 romarin, 1/3 sauge

Déjeuner
- Jarret de porc et sa choucroute
- 1 yaourt nature
- Infusion de verveine

Dîner
- Filet de poisson poché
- Salade d'endives, sauce aux herbes
- Sorbet à la pomme

Dimanche

Petit déjeuner
- 1 tranche de pain complet beurrée
- 1 œuf à la coque
- 3 brins de ciboulette
- 1 orange
- Thé vert

Déjeuner
- Pot-au-feu de veau et ses légumes
- Mousse au chocolat

Dîner
- Jambon maigre
- Courgettes à la vapeur
- Ananas frais

Légumes de saison

- Bette
- Betterave
- Brocoli
- Carotte
- Céleri-branche
- Céleri-rave
- Chou
- Chou-fleur
- Citrouille
- Endive
- Épinard
- Fenouil
- Mâche
- Navet
- Poireau
- Scarole

Des recettes pour maigrir

Il est très important de se faire plaisir à table. Sans des repas pris dans la joie, la bonne humeur, éloignés de toute frustration, sans petits plats succulents il n'y aurait pas d'amaigrissement possible. L'alimentation doit vous apporter par le plaisir du goût et de l'odorat, l'indispensable détente qui, associée à ma méthode de respiration, favorisera la perte de poids.

N'oubliez pas que toute limitation à table (je n'ai pas le droit à ceci ou à cela...) crée un stress, contrariant un rythme naturel exprimé par l'envie. Ma philosophie alimentaire s'oppose à ces interdictions : on peut manger et boire de tout sans excès.

Les recettes de Florence illustrent ces idées. Elles sont équilibrées, faciles à réaliser, à base d'aliments bien choisis, bien achetés, frais et savoureux. Mon seul conseil est : n'en abusez pas.

Vous deviendrez maître de votre diététique, un des buts de ma méthode, dans le cadre d'un retour aux rythmes naturels.

Les recettes que Florence vous propose dans les pages qui suivent sont prévues pour deux personnes, sauf mention particulière.

CARPACCIO DE THON
pas de cuisson

Une tranche de thon de 250 g – 100 g de parmesan – 2 cuil. à soupe d'huile d'olive – 2 cuil. à soupe de jus de citron – 1 branche de coriandre – sel et poivre.

Découpez le thon en tranches très fines que vous disposerez sur une grande assiette plate.

Arrosez-le d'un mélange d'huile d'olive et de jus de citron.

Râpez finement le parmesan et saupoudrez-en le poisson.

Décorez de feuilles de coriandre.

Poivrez légèrement.

Servez frais.

CHAUDRÉE DE POISSONS
cuisson : 15 minutes

400 g de lieu, colin ou saumon – 4 carottes moyennes – 1 poivron vert ou rouge – 1 branche de céleri – 1 tomate – 1 citron – quelques olives vertes – 1 cuil. à soupe d'huile d'olive – 1 cuil. à café de cumin – 1 cuil. à café de piment doux – 1 gousse d'ail – 1/2 bouquet de persil – sel et poivre.

Rincez le poisson à l'eau fraîche.

Essuyez-le avec du papier absorbant.

Mettez-le dans un récipient creux, arrosez d'un filet d'huile d'olive et saupoudrez de cumin, de piment doux, de l'ail émincé et du persil finement ciselé. Ajoutez un peu d'eau et laissez mariner.

Épluchez les carottes, le poivron, le céleri.

Faites-les cuire cinq minutes à la vapeur.

Disposez-les dans un récipient à revêtement anti-adhésif ou dans un plat en terre.

Ajoutez les poissons et la marinade.

Recouvrez de tranches de tomates, de rondelles de citron et de quelques olives vertes.

Faites cuire à feu doux pendant 15 minutes.

COLIN AU COURT-BOUILLON

cuisson : environ 20 minutes

400 g de colin ou de colineau – 2 carottes – 1 oignon – 1 gousse d'ail – 1 branche de céleri – 1 branche de thym – 1 feuille de laurier – 1 bouquet de persil – coriandre en grains – sel et poivre.

Rincez le poisson à l'eau fraîche.

Préparez un court-bouillon dans un grand faitout ou une poissonnière : dans 2 litres d'eau froide, mettez les carottes épluchées et coupées en rondelles, l'oignon, l'ail, le céleri lavé et coupé en gros morceaux, le thym, le laurier, le persil, la coriandre et quelques grains de poivre.

Ajoutez le poisson.

Portez à ébullition. Dès les premiers frémissements, baissez le feu et laissez cuire à feu doux pendant 10 minutes.

Sortez délicatement le poisson du faitout si vous n'avez pas de poissonnière, en évitant de le casser.

Égouttez-le avant de le déposer dans le plat de service entouré de ses légumes.

Vous préparerez de la même façon, la raie, le cabillaud, le maquereau, le lieu.

COQUILLES SAINT-JACQUES AU CITRON VERT

pas de cuisson

6 noix de Saint-jacques moyennes – 1 citron vert – 3 cuil. à soupe d'huile d'olive – 2 branches d'aneth – 1 petit bouquet de ciboulette – poivre vert en grains – sel et poivre.

Retirez les noix des coquilles. Rincez-les à l'eau fraîche. Essuyez-les dans du papier absorbant.

Coupez-les en fines lamelles.

Disposez-les sur un plat creux. Salez et poivrez légèrement.

Dans un bol, mélangez le jus de citron avec l'huile d'olive.

Arrosez les noix de Saint-Jacques avec la préparation.

Saupoudrez de l'aneth et de la ciboulette finement hachés.

Décorez de quelques grains de poivre vert.

CREVETTES VIVANTES AU COGNAC
cuisson immédiate

200 g de crevettes vivantes – 1/2 bouquet de persil – 1 gousse d'ail – 1 verre de cognac – 1 cuil. à soupe d'huile d'olive – gros sel et poivre.

Dans une poêle à revêtement antiadhésif, faites chauffer l'huile d'olive. Jetez-y les crevettes vivantes. Retournez-les avec une spatule en bois. Salez, poivrez.

Faites cuire 2 minutes.

Disposez les crevettes sur un plat de service.

Saupoudrez du persil finement ciselé et de l'ail haché.

Dans une petite casserole, faites chauffer un verre de cognac. À table, faites flamber l'alcool dont vous arrosez les crevettes.

DORADE EN PAPILLOTE
cuisson : environ 30 minutes

1 belle dorade (grise, royale ou rose) – 2 tomates – 1 citron – 1 oignon – 1 bouquet de persil – 2 branches de fenouil

Faites vider et gratter la dorade par votre poissonnier. Rincez-la à l'eau fraîche.

Essuyez-la avec du papier absorbant.

Disposez une grande feuille d'aluminium sur une plaque ou un plat pouvant aller au four.

Placez-y : 3 rondelles de citron; quelques tranches de tomates pelées, et la moitié de l'oignon émincé.

Posez la dorade dessus. Ainsi surélevée, elle n'attachera pas au papier d'aluminium en cours de cuisson.

Garnissez l'intérieur du poisson de fenouil frais ou séché, d'un peu d'oignon et de tomate.

Disposez sur le dos et autour de la dorade le reste des tomates, de l'oignon et le persil haché. Poivrez légèrement.

Recouvrez le tout d'une nouvelle feuille d'aluminium et fermez bien les bords tout autour.

Faites cuire au four, thermostat moyen, environ 30 minutes suivant la taille du poisson (pour des filets, la cuisson est très rapide). La dorade est constituée de 80% d'eau et, pour conserver toute sa saveur, il est préférable d'augmenter le temps de cuisson plutôt que la température du four.

On peut préparer selon la même recette le bar (loup de mer), le maigre, le saumon ou un mélange de filets de poisson et de fruits de mer.

FILETS DE POISSON MARINÉS

pas de cuisson

250 g de filets de poisson – 3 cuil. à soupe d'huile d'olive – 1 citron – 50 g de gingembre frais – coriandre ou ciboulette – gros sel.

Demandez à votre poissonnier de lever les filets du poisson de votre choix, suivant l'arrivage : dorade, bar, thon, saumon, maquereau, anchois... Il doit être parfaitement frais.

Placez les filets dans une passoire et saupoudrez-les de gros sel marin.

Laissez reposer 30 minutes.

Pendant ce temps :

Dans un bol, mélangez l'huile d'olive et le jus du citron.

Râpez le gingembre. Mélangez encore et versez la moitié de cette préparation dans un plat creux.

Rincez les filets et essuyez-les dans du papier absorbant.

Allongez les filets bien séparés dans un plat creux, le côté de la chair dans le mélange.

Arrosez les filets avec la préparation.

Laissez mariner 30 minutes au frais.

Présentez décoré de quelques feuilles de coriandre fraîche ou de la ciboulette.

FILETS DE POISSON POCHÉS

cuisson : quelques minutes

400 g de filets de poisson – 1 carotte – 1 branche de céleri – 1 poireau – 1 oignon – 1 gousse d'ail – 2 clous de girofle – 1 bouquet de persil et de coriandre – 1 branche de thym – 1 feuille de laurier – fines herbes fraîches : ciboulette, basilic, estragon, persil, coriandre – sel et poivre

Faites préparer des filets de poisson par votre poissonnier. Au choix : sole, merlan, lieu, dorade, saumon...

Rincez-les à l'eau fraîche. Réservez-les.

Préparez un court-bouillon concentré avec, au choix et suivant vos goûts, pour 2 litres d'eau : la carotte épluchée et coupée en rondelles, le poireau et le céleri coupés en gros morceau, l'oignon piqué des clous de girofle, l'ail écrasé, le thym, le laurier, le persil, la coriandre, sel et poivre.

Laissez bouillir le court-bouillon pendant 10 minutes.

Pochez les filets dans ce mélange quelques minutes.

Disposez le poisson dans un plat de service, arrosé du bouillon passé au chinois. Saupoudrez-le du mélange de fines herbes fraîches que vous aurez hachées. Décorez le plat avec les petits légumes du court-bouillon.

LOTTE À L'AIL ET AUX POIVRONS

cuisson : 20 minutes

400 g de lotte – 1/2 poivron jaune – 1/2 poivron rouge – 1/2 poivron vert – 1 gousse d'ail – 1/2 bouquet de persil plat – 1 cuil. à soupe d'huile d'olive – sel et poivre.

Choisissez des petites queues de lotte ou faites couper un morceau de lotte (sans l'arête) en gros dés par votre poissonnier.

Rincez les morceaux à l'eau fraîche. Essuyez-les avec du papier absorbant.

Retirez le pédoncule et les pépins des poivrons et débitez-les en fines lamelles.

Versez un peu d'huile dans une sauteuse à revêtement antiadhésif, puis essuyez le surplus avec du papier absorbant.

Faites dorer les morceaux de lotte sur tous les côtés. Ajoutez l'ail émincé. Poivrez légèrement.

Ajoutez la moitié du persil haché et les poivrons.

Laissez cuire à couvert à feu doux, en retournant les morceaux pendant 20 minutes. Veillez à ce que la lotte n'accroche pas.

Servez saupoudré de persil haché frais.

PAPILLOTE DE MERLAN AUX POMMES

cuisson : 10 minutes

300 g de filets de merlan – 2 pommes – 1 cuil. à café de cannelle – 2 cuil. à soupe de cidre brut – quelques brins de cerfeuil – sel et poivre.

Rincez les filets de poisson à l'eau fraîche. Essuyez-les avec du papier absorbant.

Disposez une feuille d'aluminium sur une plaque ou un plat allant au four.

Épluchez les pommes et découpez-les en fines tranches. Disposez-les sur la feuille d'aluminium.

Saupoudrez d'une pincée de cannelle.

Ajoutez les filets de merlan, le cerfeuil, mouillez avec le cidre. Salez, poivrez.

Recouvrez d'une feuille d'aluminium et fermez bien la papillote.

Faites cuire à four chaud pendant 10 minutes.

TARTARE DE POISSONS AUX HERBES

pas de cuisson

200 g d'un assortiment de filets de 3 poissons, sans peau ni arêtes : cabillaud, saumon, thon, dorade, maigre, bar, etc. – 1 côte de céleri – 2 échalotes – 1 citron – 3 œufs – 1 cuil. à café de moutarde de Dijon – 1 cuil. à soupe d'huile d'olive – 1 bouquet de ciboulette – 4 branches de persil plat – 1 branche d'estragon – 3 brins d'aneth – quelques câpres ou baies roses – sel et poivre.

Découpez les filets séparément en petits dés.

Hachez séparément les herbes fraîches et réservez quelques feuilles de chaque pour la décoration.

Épluchez le céleri et coupez-le en petits dés.

Épluchez et émincez les échalotes.

Pressez le citron.

Mélangez : Le saumon avec l'estragon, la moitié de l'échalote, un jaune d'œuf, un filet d'huile d'olive, du jus de citron. Salez et poivrez.

Mélangez : Le cabillaud, la dorade ou le maigre avec le persil, la ciboulette, la moitié de l'échalote, un jaune d'œuf, un filet d'huile d'olive, du jus de citron, une pointe de moutarde. Salez et poivrez.

Mélangez : Le thon avec le céleri, l'aneth, un jaune d'œuf, un filet d'huile d'olive, du jus de citron, une pointe de moutarde. Salez et poivrez.

Disposez chaque tartare en rond (à l'aide d'un cercle) sur un plat.

Décorez le sommet avec du persil plat, de l'estragon, de l'aneth, des câpres ou des baies roses.

Servez frais.

CANARD AUX GIROLLES

cuisson : 45 minutes – pour 4-5 personnes

1 canard de 1,5 kg – 500g de girolles – 2 oignons – 1 gousse d'ail – 1 branche de thym – 3 feuilles de laurier – 2 branches de persil – 1 cuil. d'huile d'olive – sel et poivre.

Faites désosser le canard par votre volailler et demandez-lui d'enlever la peau et la graisse excédentaire. Conservez la carcasse et les os.

Coupez la volaille en 4 morceaux. Lavez-les à l'eau fraîche. Essuyez-les avec du papier absorbant.

Poêlez-les dans l'huile d'olive en les retournant souvent et réservez-les dans un plat pouvant aller au four.

Dans une casserole d'eau, mettez la carcasse et les os du canard avec le thym, le laurier, le persil, les oignons et l'ail. Faites cuire à feu doux pendant 20 minutes puis passez ce bouillon au chinois.

Mettez le canard au four thermostat chaud pendant 45 minutes en l'arrosant régulièrement du bouillon.

Lavez les girolles dans trois eaux et égouttez-les.

Dans une poêle à revêtement antiadhésif, poêlez les champignons, ajoutez l'ail émincé, le persil haché, salez et poivrez.

Servez les filets de canard sur un lit de girolles, arrosés du bouillon.

COUSCOUS DE POULET

cuisson : 70 minutes – pour 4 personnes

1 poulet de 1,4 kg – 400 g de semoule de couscous fine – 2 oignons – 3 tomates – 4 courgettes – 1 côte de céleri – 4 navets – 4 carottes – 1 poivron – 1 bulbe de fenouil – 1 bouquet de persil – 1 cuil. à café de cannelle – 1 cuil. à café de gingembre – 1 cuil. à café d'épices à couscous – sel et poivre.

Faites préparer par votre volailler un poulet désossé, sans la peau.

Coupez-le en gros morceaux. Lavez-les à l'eau fraîche.

Hachez les oignons, le persil.

Épluchez les courgettes, céleri, navets, carottes, poivron, fenouil.

Épluchez et découpez les tomates en rondelles.

Dans une grande marmite, faites revenir les morceaux de poulet préalablement salés. Ajoutez les oignons, la cannelle, le gingembre, les épices à couscous, poivrez. Retournez souvent les morceaux.

Ajoutez les tomates. Laissez mijoter à feu doux pendant 20 minutes.

Versez un verre d'eau chaude, puis les légumes. Ajoutez un autre verre d'eau chaude.

Laissez mijoter à feu doux pendant 30 minutes.

Préparez la semoule.

Versez la semoule en dôme dans un grand plat. Formez un creux au centre pour y déposer la viande et les légumes. Servez à part le bouillon.

FAISAN AUX RAISINS

cuisson : 50 minutes – pour 4 personnes

1 faisan de 1,2 kg – 500 g et deux grappes de raisin blanc – 1 cuil. à soupe de cognac – sel et poivre.

Dans une grande cocotte à revêtement antiadhésif, faites revenir le faisan en le retournant souvent. Lorsqu'il est bien doré sur toutes les faces, sortez-le de la cocotte et jeter le gras.

Dans une centrifugeuse ou un mixer, écrasez 500 g de raisin. Passez au chinois pour recueillir le jus.

Disposez le faisan dans la cocotte, salez, poivrez. Arrosez-le de jus de raisin. Ajoutez une cuillerée à soupe de cognac.

Faites cuire à feu doux et à couvert pendant 40 minutes. Terminez la cuisson à découvert.

Ajoutez les grains des deux grappes de raisin, pelés et, si possible, épépinés.

Servez avec du riz créole ou des pâtes fraîches.

PINTADE AU CHOU FONDANT

cuisson : 50 minutes – pour 4 personnes

1 pintade de 1,2 kg – 100 g de lard fumé – 1 chou – sel, poivre.

Faites préparer une pintade fermière par votre volailler.

Mettez-la dans un plat allant au four. Salez, poivrez.

Mettez le plat au four préchauffé, thermostat moyen, pour faire rôtir doucement la volaille pendant 40 minutes.

Arrosez-la régulièrement avec la sauce aux abats (voir page 268) et retournez-la plusieurs fois.

Coupez le chou en quatre.

Plongez les morceaux dans un grand faitout d'eau bouillante bien salée pendant quelques minutes.

Sortez-le et égouttez-le. Retirez les côtes.

Faites revenir dans une poêle le lard coupé en petits dés.

Dans le faitout, disposez un fond avec des feuilles de chou, quelques lardons. Posez dessus la pintade et arrosez-la de son jus.

Recouvrez de dés de lard, du reste du chou et arrosez de jus de pintade.

Faites cuire à feu très doux pendant 10 minutes. Le chou ne doit pas accrocher.

Servez sans attendre.

PINTADE GRILLÉE AU SAFRAN ET AU GINGEMBRE

cuisson : 1 heure – pour 4 personnes

1 pintade de 1,2 kg – 2 oignons – 1 gousse d'ail – 1 bouquet de persil – 50 g de gingembre frais – 1 cuil. à café de cannelle – 1 cuil. à café de safran – sel et poivre.

Faites préparer (sans barde) une pintade fermière par votre volailler. Vous pouvez, selon la même recette, faire un poulet ou une dinde.

Dans un bol, faites macérer dans 1/2 verre d'eau le persil finement haché, les oignons émincés, l'ail, le gingembre râpé, la cannelle, le safran. Salez et poivrez légèrement. Mélangez.

Glissez ce mélange sous la peau (elle se décolle très bien) de la pintade en le faisant bien pénétrer.

Mettez le plat dans le four préchauffé, thermostat moyen, pour faire rôtir doucement la volaille pendant une heure.

Arrosez-la régulièrement avec la sauce aux abats (voir page 268) et retournez-la plusieurs fois. La pintade doit être bien dorée, mais pas sèche.

POULET À LA FLEUR DE THYM

cuisson : 5 minutes – pour 4 personnes

1 poulet de 1,2 kg – fleur de thym – sel et poivre.

Demandez à votre volailler de désosser le poulet et de lui retirer la peau.

Prélevez les blancs et coupez-les en dés.

Dans une poêle à revêtement antiadhésif, faites cuire sans gras et à feu doux, les morceaux de poulet, pour les faire blondir, sans les brûler.

Salez, poivrez légèrement.

Saupoudrez de fleur de thym.

Servez sans attendre.

POULET AU CITRON

cuisson : 1 heure – pour 4 personnes

1 poulet de 1,2 kg – 2 gros oignons – 2 gousses d'ail – 1 citron – quelques olives – 1 petit bouquet de persil – 1 petit bouquet de coriandre – 50 g de gingembre frais – 1 cuil. à café de safran – 1 cuil. à café de cannelle – sel et poivre.

Faites couper un poulet en morceaux par votre volailler, et demandez-lui d'enlever la peau et la graisse excédentaire.

Lavez les morceaux à l'eau fraîche. Essuyez-les.

Hachez les oignons, les gousses d'ail, le persil, la coriandre, le gingembre. Ajoutez le safran et la cannelle (suivant vos goûts).

Disposez le tout dans une grande marmite. Salez et poivrez légèrement.

Faites cuire pendant 5 minutes à feu vif pour saisir et griller légèrement le poulet en retournant souvent les morceaux.

Baissez le feu et laissez mijoter 1 heure à feu doux.

15 minutes avant la fin de la cuisson, ajoutez des rondelles de citron et des olives – si vous aimez.

Servez saupoudré de coriandre fraîche hachée.

POULET GRILLÉ À LA RATATOUILLE FRAÎCHE

cuisson : 1 heure – pour 4 personnes

1 poulet fermier de 1,2 kg – 4 tomates – 2 courgettes – 1 aubergine – 1/2 poivron – 1 oignon – 1 gousse d'ail – 1 branche de thym – 2 feuilles de laurier – 1 bouquet de persil ou de coriandre – 2 cuil. à soupe d'huile d'olive – sel et poivre.

Dans un four thermostat moyen, faites cuire le poulet salé et poivré en le retournant régulièrement et en l'arrosant de son jus allongé d'eau bouillante. Il doit être bien doré, mais pas sec.

Pendant la cuisson du poulet, préparez la ratatouille :

Plongez les tomates dans une casserole d'eau bouillante pendant 20 secondes, retirez-les pour les peler facilement, coupez-les en morceaux.

Hachez l'oignon, l'ail, le persil ou la coriandre.

Lavez et coupez en rondelles les courgettes, l'aubergine, le poivron.

Dans une poêle à revêtement antiadhésif, versez l'huile d'olive. À feu doux, faites dorer l'oignon, ajoutez l'aubergine, le poivron, les courgettes, le thym, le laurier, l'ail. Salez et poivrez, tournez régulièrement avec une spatule en bois.

Ajoutez les tomates et le persil. Laissez mijoter à feu doux.

Servez le poulet grillé avec la ratatouille fraîche.

Décorez avec du persil ou de la coriandre.

SAUCE AUX ABATS DE VOLAILLE

cuisson : 15 minutes

Le gésier et le foie de la volaille – 1 oignon – 1 gousse d'ail – 30 g de gingembre – 2 branches de persil – 1 cuil. à café de cannelle.

Hachez l'oignon, l'ail, le gingembre, le persil.
Ajoutez 2 verres d'eau, la cannelle, le gésier et le foie coupés en morceaux.
Faites cuire à feu doux pendant 15 minutes.

Cette sauce sert à arroser en cours de cuisson le poulet, la pintade, la dinde et toutes les volailles rôties au four.

RÔTI DE VEAU AU CURRY

cuisson : 1 heure – pour 4 personnes

1 rôti de veau de 800 g – 4 tomates – 4 gros oignons – 2 feuilles de laurier – 1 branche de thym – 1 bouquet de persil ou de persil chinois – 1 cuil. à soupe de curry – sel et poivre.

Dans une sauteuse à revêtement antiadhésif, faites dorer le rôti de veau sur tous les côtés (sans gras) à feu doux. Ajoutez le thym et le laurier. Salez et poivrez légèrement. Saupoudrez de curry.

Ajoutez les oignons épluchés et coupés en morceaux ; les tomates épluchées et coupées en quartiers.

Laissez mijoter 1 heure à feu doux en couvrant et en surveillant que la préparation n'accroche pas. Retournez souvent le rôti. Ajoutez un peu d'eau chaude en cours de cuisson pour allonger le jus.

Versez le persil haché dans la sauteuse 15 minutes avant la fin. Mélangez.

Au moment de servir, découpez le rôti en tranches fines. Présentez le jus avec du persil haché frais.

BOUILLON DE PETITS LÉGUMES
cuisson rapide

200 g de haricots verts – 2 courgettes – 1 branche de céleri – 1 poireau – 1 fenouil – 1 oignon – 1 gousse d'ail – 1 branche de persil – 1 feuille de laurier – 1 bouquet de coriandre, ciboulette, basilic – sel et poivre.

Épluchez, lavez et coupez en petits morceaux les légumes.

Jetez-les dans une petite casserole d'eau bouillante pour obtenir un concentré de petits légumes. Salez et poivrez légèrement.

Ajoutez l'ail, le persil, le laurier. Faites cuire quelques minutes ; les légumes doivent rester croquants.

Au moment de servir ce bouillon, ajoutez les herbes fraîches finement hachées.

Ce bouillon de légumes sera délicieux pour arroser un plat de pâtes, de semoule ou de riz blanc.

HARICOTS VERTS ET CAROTTES À L'ÉTOUFFÉE

cuisson : 30 minutes

800 g de haricots verts frais – 400 g de jeunes carottes – 2 cuil. à soupe d'huile d'olive – 2 branches de thym – 1 bouquet de persil ou de coriandre – sel et poivre.

Équeutez et effilez les haricots verts, lavez-les et égouttez-les.

Épluchez les carottes, lavez-les et coupez-les en rondelles très fines.

Hachez les fines herbes.

Dans une sauteuse, faites chauffer un peu d'huile et faites dorer les carottes à feu doux.

Ajoutez 4 cuil. à soupe d'eau chaude. Émiettez dessus les branches de thym. Couvrez et laissez cuire 15 minutes.

Ajoutez les haricots verts. Salez et poivrez légèrement. Mélangez et laissez cuire encore 15 minutes.

Présentez les légumes dans un plat chaud saupoudrés de persil ou de coriandre fraîche.

LÉGUMES À LA VAPEUR
cuisson rapide

La cuisson à la vapeur est valable pour tous les légumes : épinards, salade, asperges, carottes en rondelles ou râpées, céleri-branche, fenouil, poireaux, oignons, brocolis, courgettes, haricots verts, petits pois...

Selon vos goûts, vous pouvez ajouter une branche de romarin, quelques graines de cumin, des feuilles de menthe...

C'est rapide et délicieux, quelques minutes suffisent. Les légumes doivent rester croquants pour garder toute leur saveur et, avec cette méthode de cuisson, ils ne seront pas gorgés d'eau.

LÉGUMES À L'EAU BOUILLANTE
cuisson rapide

Faites bouillir de l'eau salée et jetez-y vos légumes sans les couvrir. Quand ils sont cuits, égouttez-les et servez-les à table.

Les légumes cuits à point sont délicieux avec une noix de beurre ou un filet d'huile d'olive.

LÉGUMES SECS
cuisson : 20 minutes à 2 heures

Haricots secs, pois chiches, pois cassés, fèves, etc. – thym, laurier, oignons, clous de girofle, sauge, sarriette, etc. – herbes aromatiques.

Faites tremper les légumes dans l'eau quelques heures.

Plongez-les dans un grand faitout d'eau froide. Portez à ébullition et changez l'eau.

Renouvelez cette opération plusieurs fois (pour rendre les légumes plus digestes).

Ajoutez thym, laurier, oignon (avec ou sans clous de girofle), sauge, sarriette, persil, etc.

Faites cuire, puis goûtez (suivant les légumes, le temps de cuisson peut varier de 20 minutes à 2 heures).

Servez avec des herbes fraîches finement hachées.

POMMES DE TERRE À L'AIL ET AU THYM

cuisson : 1 heure

2 belles pommes de terre nouvelles – 1 gousse d'ail – 1 bouquet de thym frais – gros sel marin – 4 piques en bois.

Coupez les pommes de terre en deux dans le sens de la longueur.

Avec un couteau pointu, retirez un petit morceau de chair au centre de deux des moitiés. Disposez un morceau d'ail dans ce creux. Saupoudrez légèrement de gros sel.

Posez dessus une petite branche de thym frais.

Reconstituez les pommes de terre en enfonçant à chaque bout une pique qui les traversera de part en part.

Posez les pommes de terre dans un plat ou sur la plaque du four préchauffé. La cuisson, suivant la taille des pommes de terre, varie entre 1 heure et 1 h 15, dans un four à thermostat moyen.

Quand vous ouvrirez la pomme de terre dans votre assiette, l'ail aura fondu et le thym aura donné à la chair un arôme délicieux.

SOUFFLÉ DE COURGETTES

cuisson : 45 minutes

2 kg de courgettes – 200 g de fromage blanc – 25 g de fécule de pomme de terre ou de maïs – 50 g de parmesan râpé – 150 g de comté râpé – 6 jaunes d'œufs – 8 blancs d'œufs – 1 cuil. à soupe d'huile – 1 cuil. à soupe de farine – noix de muscade râpée – sel et poivre.

Lavez les courgettes (sans les éplucher) et plongez-les dans l'eau bouillante salée.

Laissez cuire 15 à 25 minutes.

Égouttez-les bien, supprimez les extrémités et passez-les au mixeur.

Dans une poêle antiadhésive, desséchez la purée de courgettes sur feu vif pendant 8 à 10 minutes.

Retournez souvent.

Salez et poivrez légèrement.

Râper la noix de muscade sur la purée.

Ajoutez la fécule de pomme de terre et laissez cuire à feu doux jusqu'à ce que le mélange épaississe.

Retirez du feu et ajoutez le fromage blanc, les fromages râpés, les jaunes d'œufs.

Battez les blancs en neige bien fermes et incorporez-les à la purée.

Versez la préparation dans un moule à soufflé préalablement beurré.

Mettez le moule au bain-marie.

Laissez cuire à feu moyen pendant 35 minutes.

Terminez la cuisson à feu vif 10 minutes.

Servez immédiatement.

SALADE D'AUTOMNE

1 bouquet de persil – 2 avocats – 2 fenouils – 2 pommes – 1/2 pied de céleri branche – 200 g de champignons – 1 batavia – quelques amandes et noix de cajou – 30 g de raisins secs – 2 ou 3 cuil. à café de moutarde – 1/2 jus de citron – 1 pincée de gros sel – de l'huile de pépins de raisins.

Lavez et tranchez les fenouils.

Lavez et découpez les pommes en conservant la peau.

Découpez le céleri en morceaux.

Essuyez et tranchez les champignons en lamelles.

Lavez la salade et égouttez-la.

Épluchez les avocats et tranchez-les, à la dernière minute.

Préparez la sauce en mélangeant la moutarde, le sel, le jus de citron, le persil haché finement. Faites monter la sauce en versant progressivement l'huile et en tournant régulièrement.

Présentez la salade mélangée avec les raisins et les amandes.

SALADE D'ÉTÉ

1 romaine – 1 concombre – 200 g de grosses crevettes roses cuites – 1 échalote – 1 petit bouquet de persil plat – 50 g de gingembre frais – 1 citron vert – 2 cuil. à soupe d'huile d'olive – quelques feuilles de menthe – sel et poivre.

Lavez la romaine, égouttez-la et coupez les feuilles en deux.

Lavez le concombre, épluchez-le en retirant dans la longueur une bande de peau sur deux. Découpez-le en fines rondelles que vous disposerez dans un saladier avec de l'eau et du gros sel.

Décortiquez les crevettes.

Râpez très finement le gingembre dans un bol. Ajoutez le jus du citron, l'huile d'olive, l'échalote émincée et le persil haché, poivrez, mélangez.

Dans un grand saladier, disposez la salade, le concombre égoutté, les crevettes. Ajoutez la sauce. Décorez de feuilles de menthe.

SAUCE AUX HERBES
pas de cuisson

1 cuil. à soupe de bonne moutarde de Dijon – 1/2 gousse d'ail – 1/2 échalote – huile végétale ou huile d'olive – 1 bouquet d'herbes composé de ciboulette, persil, estragon, basilic – sel et poivre.

Dans un gros bol, versez la moutarde, l'ail et l'échalote finement hachés, 1 pincée de sel et du poivre, puis doucement l'huile d'olive en tournant sans cesse. Faites monter la vinaigrette comme une mayonnaise.

Avant de passer à table, ajoutez les herbes fraîches finement hachées.

Vous obtiendrez une sauce onctueuse que vous pourrez présenter dans un bol ou une saucière. Chacun se servira à volonté.

Pour accompagner les salades, mais aussi le poisson, les viandes froides et les pommes de terre en robe des champs ou au four.

RIZ BLANC
cuisson rapide

Lavez le riz (environ 60 g par personne).

Versez-le dans une grande casserole contenant beaucoup d'eau chaude.

Portez à ébullition 2 à 3 minutes en tournant le riz avec une cuillère en bois, de façon à ce qu'il dégage son amidon (une mousse blanche).

Rincez le riz sous l'eau courante tiède jusqu'à obtenir une eau transparente.

Remettez de l'eau claire dans la casserole et continuez la cuisson du riz.

Si, au cours de l'ébullition, il se produit à nouveau de l'écume blanche, rincez encore le riz (il doit toujours cuire dans une eau claire). Certains riz auront besoin de plusieurs « rinçages » en cours de cuisson.

Ajoutez du gros sel marin.

Le riz est cuit quand les grains se détachent tout en restant fermes.

RIZ CANTONAIS
cuisson rapide

Riz blanc déjà cuit (voir page 280) – 2 ou 3 œufs frais – des petits légumes déjà cuits à la vapeur, au choix : haricots verts, petits pois, carottes – 1 tranche de jambon – 50 g de crevettes – 1 bouquet de persil chinois – 2 oignons – 1 gousse d'ail – 1 cuil. à soupe d'huile – 2 cuil. à soupe de sauce soja (facultatif).

Versez l'huile dans une poêle à revêtement antiadhésif pour la graisser et essuyez le surplus avec du papier absorbant.

Faites revenir à feu doux l'ail et les oignons hachés finement.

Ajoutez les légumes coupés en petits morceaux ; puis le jambon coupé en petits dés et les crevettes décortiquées. Mélangez le tout à feu doux.

Ajoutez le riz cuit et mélangez bien.

Cassez les œufs et mélangez encore.

Si vous aimez (mais ce n'est pas obligatoire), ajoutez 2 cuillerées à soupe de sauce de soja.

Salez, poivrez légèrement.

Servez le riz cantonnais saupoudré du persil chinois finement haché.

PÂTES AL DENTE
cuisson rapide

80 g de pâtes par personne – 1 noix de beurre – sel et poivre.

Jetez les pâtes dans une grande quantité d'eau bouillante. Tournez-les avec une cuillère en bois pour éviter qu'elles ne collent.

Rincez-les dès qu'il se produit une mousse blanche à l'ébullition, pour les rendre plus digestes. N'ayez pas peur d'interrompre la cuisson.

Portez de nouveau de l'eau claire à ébullition et plongez-y vos pâtes; la cuisson reprend.

Goûtez-les pour connaître le moment où elles seront « al dente ».

Égouttez les pâtes et versez-les dans un plat creux. Ajoutez du beurre frais et, suivant vos goûts, de l'ail finement haché, des herbes, des petits légumes cuits à la vapeur.

CRÊPES DE SARRASIN

cuisson rapide – pour 20 crêpes

250 g de farine de blé noir – 4 œufs frais – 1/2 cuil. à soupe d'huile végétale – 1 pincée de sel – 50 cl de lait (environ) – beurre.

Versez la farine dans un saladier et cassez-y les œufs un à un en tournant régulièrement pour obtenir une pâte homogène.

Versez le lait doucement en continuant à tourner.

Quand la pâte est lisse (sans grumeaux), ajoutez le sel et l'huile.

Laissez reposer la pâte à crêpes au moins 1 heure.

Dans une poêle antiadhésive, faites chauffer une petite noisette de beurre. Faites cuire les crêpes en versant un peu de pâte dans la poêle chaude, sur feu vif. Tournez la poêle pour que la pâte s'étale en couche très fine. Lorsque la crêpe est cuite d'un côté, retournez-la pour la faire cuire de l'autre.

MOUSSE AU CHOCOLAT

pas de cuisson – pour 4 personnes

200 g de chocolat noir de bonne qualité – 6 œufs.

Faites fondre doucement le chocolat au bain-marie, en tournant avec une spatule en bois.

Séparez les blancs d'œufs des jaunes.

Battez les blancs en neige.

Versez les jaunes dans le chocolat fondu refroidi.

Ajoutez les blancs bien fermes.

Versez la mousse au chocolat dans un récipient.

Laissez-la 2 heures au congélateur pour qu'elle prenne bien.

Sortez-la une demi-heure avant de passer à table.

Trouver le sport qui vous convient

Beaucoup de gens se trompent de sport. Pressés, stressés, ils pratiquent un sport trop violent (jogging intensif, tennis, musculation, squash, aérobic, gymnastique) en contradiction avec leur rythme naturel.

Une activité sportive mal choisie peut endommager les muscles, les articulations, déjà trop sollicitées, le système veineux et le cœur. La santé du ventre est perturbée. Au lieu de maigrir, on prend du poids.

Pour moi, seuls les sports d'endurance (marche, vélo, natation, jogging doux) sont de nature à vous réconcilier avec vos rythmes naturels, à rendre la santé à votre ventre, à fortifier votre cœur, à vous apporter la détente, à vous amener à un poids idéal – que vous conserverez.

Chez tous mes patients, ceux qui ont adopté ma méthode et ont mis en pratique ma respiration-détente, j'ai constaté à la fois une perte de poids et, dans la quasi-totalité des cas, une amélioration de l'état cardio-vasculaire, une régularisation de la tension artérielle, une meilleure circulation du sang à tous les niveaux.

La perte de poids est indissociable d'une amélioration du rythme cardiaque : les deux phénomènes sont liés – et réciproques. Il ne peut y avoir d'amaigrissement sans un cœur en bonne santé. C'est une des clés principales pour maigrir sans danger et ne jamais regrossir.

Malheureusement la grande majorité de ceux et de celles qui veulent maigrir ne pensent pas à fortifier leur cœur, se contentant d'adopter le dernier régime à la mode, la dernière pilule miracle – garantie d'échec, de frustration, de déprime – et de reprise de poids.

Il ne faut jamais oublier que le travail du cœur assure une bonne circulation qui élimine déchets et toxines et permet de maigrir sans regrossir.

Ma méthode est simple : je vais vous proposer de sortir de votre environnement habituel deux ou trois fois par semaine, de retrouver un nouveau rythme, de respirer, de reprendre contact avec la nature. En pratiquant avec modération, dans la détente et en vous faisant plaisir, un sport d'endurance.

MAIGRIR EN RETROUVANT SON ÉNERGIE PHYSIQUE ET MENTALE

Sylvie, 38 ans, + 9 kg
Divorcée, 1 enfant, commerçante

Quand son mari l'a quittée, Sylvie, bien que terriblement choquée, continua à gérer leur commerce. Femme de caractère et de devoir, elle surmonta sa peine et trouva dans le travail un refuge contre la dépression. Son fils poursuivant ses études dans une autre ville de province, elle se retrouvait seule.

Conséquence : en quelques mois, elle avait grossi de 9 kilos.

Son divorce ayant été suivi de la vente de la boutique, Sylvie, du jour au lendemain, n'eut plus d'activité professionnelle. Elle jugeait l'avenir des plus noirs.

Elle vint vers moi dans un réflexe de survie, réalisant soudainement qu'après de longues années vouées à sa famille et à son travail, il était grand temps, si elle ne voulait pas sombrer dans la dépression et l'obésité, de s'occuper d'elle.

Dès notre premier rendez-vous, je lui fis comprendre qu'elle ne perdrait pas de poids sans retrouver une certaine sérénité.

Elle s'accorda quelques mois de break, sa situation financière le lui permettait et c'était une chance.

Elle devait retrouver son énergie mentale et physique. Je lui conseillai de dormir le plus possible, chaque fois qu'elle sentait la fatigue la gagner. Puis je lui indiquai un programme d'endurance adapté à ses goûts, marche quotidienne, deux séances de piscine par semaine et je la persuadai de préférer le vélo à la voiture chaque fois que c'était possible.

En même temps, j'obtins que, pour la première fois de sa vie, elle consentît à manger à des heures régulières et non plus debout en 5 minutes comme elle en avait l'habitude.

Grâce à ma respiration-détente et aux activités douces d'endurance, elle retrouva un sommeil plus régulier, plus réparateur.

En deux mois et demi, en appliquant sérieusement ma méthode, Sylvie a perdu 9 kilos. Sa silhouette s'est transformée, son moral est au beau fixe.

Elle envisage d'ouvrir un nouveau commerce, plus proche de ses aspirations.

Avec son poids de forme, elle a retrouvé le goût de la vie.

QU'EST-CE QU'UN SPORT D'ENDURANCE ?

C'est un sport ou une activité physique qui se pratique sans forcer, en gardant un rythme cardiaque constant, évitant accélérations et à-coups, pendant trente minutes au minimum.

Exemple : course à pied, vélo, natation. Sont exclus tous les sports où le rythme cardiaque subit de brutales accélérations ou décélérations (tennis, squash, gymnastique, aérobic, football, rugby, sports de combat).

À mon sens et pour maigrir, le ou les sports d'endurance doivent être pratiqués sans essoufflement, sans fatigue, sans courbatures du lendemain. Ils font réapparaître les fameuses hormones du bien-être générées par ma respiration-détente.

L'activité d'endurance est la clé d'un bon équilibre corporel et psychique.

- Le système cardio-vasculaire se fortifie, la circulation sanguine s'améliore.
- La cage thoracique s'ouvre et le système respiratoire est renforcé.
- Le système nerveux s'apaise : l'énergie physique s'accroît, la nervosité, l'angoisse, la peur de l'échec, la timidité disparaissent.
- L'organisme devient plus fort, plus résistant face aux maladies.
- La volonté, la maîtrise de soi, le dynamisme retrouvés permettent de rester toute sa vie à son poids idéal.

Avant de décider l'activité qui vous attire le plus, vous devez savoir que, dans tous les cas, vous allez du même coup – et c'est important pour garder votre poids de forme – assouplir et fortifier votre dos et améliorer l'ensemble de votre système neuromusculaire.

Il est impossible d'avoir une fonction cardiaque parfaite si l'on souffre du dos. L'axe du bien-être, je l'ai dit et écrit souvent, en particulier dans *Plus jamais mal au dos* (Ed. Robert Laffont), est la colonne vertébrale. Pour un bon fonctionnement cardiaque, celle-ci ne doit présenter ni compression ni tassement au niveau des hautes vertèbres dorsales, ni blocage des articulations costo-vertébrales affectant les mouvements de la cage thoracique qui libèrent les poumons. Un bon état du cœur est lié directement à la santé de votre colonne vertébrale, à un dos droit sans contraction musculaire. Toutes les vertèbres – cervicales, dorsales, lombaires – sont solidaires et, si l'une est bloquée, l'ensemble est atteint. Il vous faut avoir un dos droit, impeccable. J'ajoute que marcher ou courir avec le dos droit entraîne un massage du ventre automatique, précieux pour l'amaigrissement.

Il est indispensable, et facile, de faire pratiquer, de temps en temps, un bilan du dos. (À cet égard, je proteste avec énergie contre l'insuffisance du dépistage à l'école en ce qui concerne la colonne vertébrale. Aucun des mes quatre enfants n'a jamais subi d'examen du dos à l'école ni de palpation du ventre et je considère cette carence comme un véritable scandale.)

L'activité sportive que je vais vous proposer aura aussi un effet positif sur l'ensemble de vos muscles donc sur les processus de perte de poids. Si vous avez ou si vous retrouvez une bonne fonction musculaire, vous ne subirez pas de dépôts graisseux. Un muscle qui fonctionne bien absorbe toutes les réserves graisseuses. C'est pour cette raison qu'il faut toujours dénouer ses muscles avant de pratiquer un sport. Sur ce point, nous devrions nous inspirer des Asiatiques, chez qui toute pratique sportive – expression corporelle comme arts martiaux – est précédée d'une phase de détente musculaire. En Occident, on l'oublie trop souvent, et on travaille sur des muscles noués, presque tétanisés. Le résultat peut être catastrophique. J'éprouve toujours des difficultés à faire mesurer les risques de l'activité sportive sur un corps aux muscles noués. Beaucoup de patients n'ont aucune conscience de leur état : c'est seulement sur la table de soins quand, sous la pression de mes doigts, ils éprouvent de vives douleurs qu'ils comprennent qu'ils sont en état d'extrême tension neuromusculaire, et de fatigue.

D'une façon générale, le muscle doit s'adapter à tout effort : dans le sport que vous allez pratiquer, vous ne devrez jamais aller jusqu'à la fatigue. L'amplitude normale d'un muscle est basée sur sa course externe (muscle étiré au maximum) et sa course interne (contraction maximale). Notez que l'étirement maximal du muscle est très rare, même chez les sportifs très entraînés et bien surveillés diététiquement, en raison des fameux dépôts d'acidité dus à la prise alimentaire trop rapide.

Fatigue signifie acidité – donc prise de poids. Combien de fois ai-je observé des gens qui s'astreignaient à faire de la gymnastique ou à courir, mais qui étaient contractés et qui donc, au lieu de maigrir, prenaient du poids ! Celui qui court pour maigrir et qui force, grossit. Celui qui court pour se détendre et se faire plaisir maigrit.

J'ai souvent constaté, dans mon cabinet, les désastres provoqués par une activité sportive mal choisie, imposée, mal dosée, trop brutale, mal adaptée à l'état physique de la personne. Très souvent, mes malheureux patients avaient suivi les conseils de professionnels qui leur laissaient entrevoir une perte de poids rapide grâce à la pratique de tel ou tel sport. Mais cela sans aucun examen préalable, et surtout sans recherche de détente.

COMMENT PRATIQUER UN SPORT D'ENDURANCE ?

Pour fortifier votre système cardio-vasculaire et vous maintenir, définitivement, à votre poids de forme grâce à un sport d'endurance, je recommande de prendre les précautions suivantes :

- Attendez deux ou trois heures après le repas. Pendant la digestion, le sang est détourné du cerveau et du corps, et concentré dans l'appareil neurovégétatif.
- Buvez pendant l'effort, et après si vous avez soif. Sinon, vous risquez la déshydratation et, à la longue, une fonte du muscle, une perte de tonicité musculaire, l'apparition de crampes, et de courbatures le lendemain. (Attention aux boissons glacées avant, pendant et après l'effort; il se produit une contraction de l'estomac génératrice d'une hypersécrétion de sucs gastriques, et éventuellement des variations du rythme cardiaque.)
- Échauffez-vous, afin de préparer vos muscles, vos articulations, et votre cœur. Ces exercices d'échauffement comprennent : des moulinets et des étirements des bras et quelques flexions et étirements des jambes pour assouplir et décontracter les muscles.
- Ne commencez que si vous avez vraiment envie. Si votre seule motivation est de perdre du poids, abstenez-vous. Pas de plaisir = pas de détente = pas d'amaigrissement.
- Commencez doucement. N'oubliez pas que c'est le rythme régulier, sur la durée, qui va être bénéfique. Donc pas de recherche de per-

formances. Si vous avez bien intégré ma méthode de respiration-détente, vous constaterez que l'exercice physique vous est devenu plus facile, et que vous y prenez plus de plaisir (en outre, vous avez déjà maigri, ce qui facilite les choses).

- N'allez jamais jusqu'à la fatigue. Arrêtez-vous au premier signe et buvez si vous avez soif. Ne forcez jamais car si un mouvement, même bien conçu, déclenche une douleur, c'est un signe d'alarme qui annonce que l'organisme n'est pas encore adapté à ce mouvement : souffrance = prise de poids.
- Essayez, en marchant, en courant, en nageant ou à vélo, de garder un rythme constant (même lent au début) réglé sur celui de votre respiration. Si vous pratiquez un sport avec une personne plus entraînée, ne vous laissez pas imposer sa cadence. C'est la respiration, et non les jambes, qui donne le tempo.
- N'arrêtez pas brutalement. Durant l'activité physique, le sang circule dans tout le corps, et particulièrement dans les membres. En cas d'arrêt subit, le sang n'a pas le temps de revenir au cœur ni au cerveau, qui peut manquer un moment d'oxygène : risque d'étourdissement ou de malaise.

COMMENT S'ÉCHAUFFER ?

Moulinets des bras

Pour ouvrir la cage thoracique et libérer les poumons.

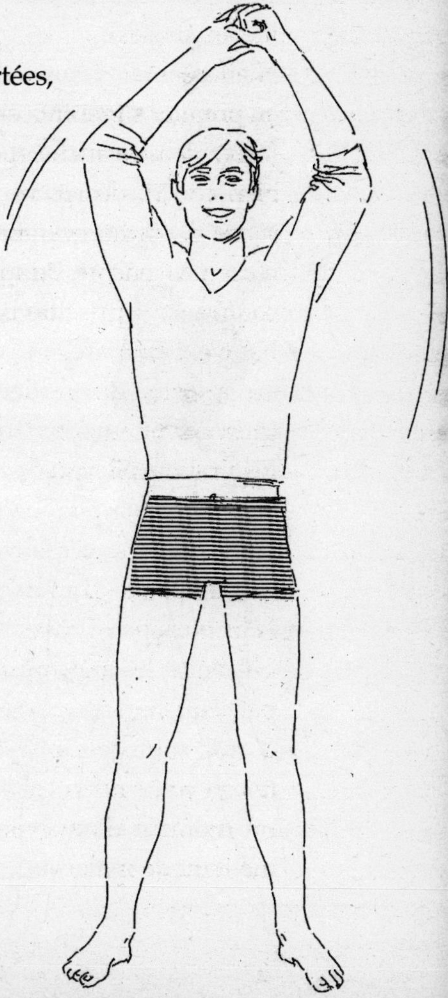

- Debout, jambes écartées, ventre rentré, fesses serrées.
- 3 moulinets (grands cercles avec les bras) sur l'inspiration, 3 moulinets sur l'expiration dans un sens, même chose dans l'autre sens.
- Trente secondes à une minute.

Étirements

Pour décongestionner le foie, stimuler la vésicule biliaire, éviter le fameux point de côté (à droite).

Pour décongestionner et stimuler la rate (à gauche).

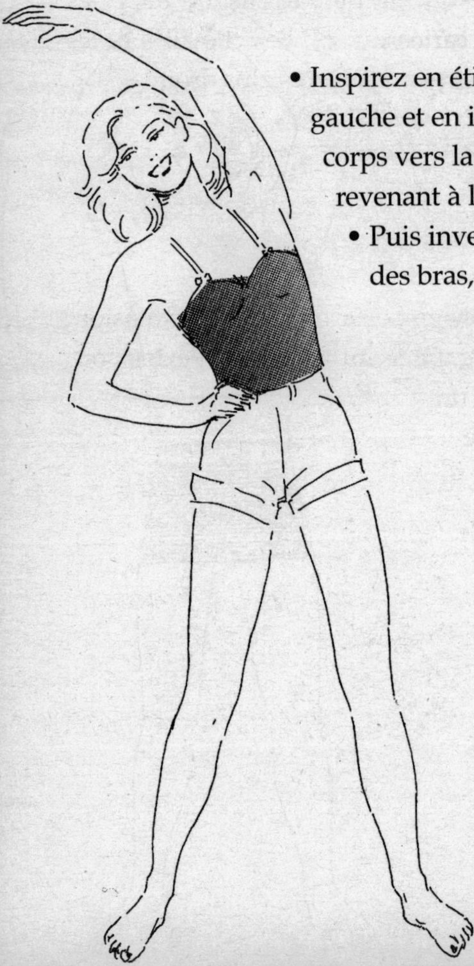

- Inspirez en étirant le bras gauche et en inclinant votre corps vers la droite, expirez en revenant à la verticale, 5 fois.
- Puis inversez la position des bras, 5 fois.

Flexions

Pour assouplir les jambes et décontracter les muscles.

- Faites 10 flexions sur les jambes en essayant de ne pas décoller les talons du sol. Les chevilles et les genoux serrés, dos droit.

- Inspirez sur une flexion-extension, expirez sur une flexion-extension.

QUEL SPORT D'ENDURANCE ?

Les quatre sports d'endurance que je vous propose sont accessibles à tous : on peut marcher, courir ou faire du vélo n'importe où, et les piscines sont aujourd'hui très nombreuses et guère onéreuses. Ces quatre sports se complètent, et on peut passer de l'un à l'autre sans inconvénient. On peut aussi les alterner.

La marche à pied et le jogging

Tout le monde marche mais peu de gens savent vraiment marcher. Quand on marche normalement, il n'y a pas de combustion d'énergie importante, donc pas d'amaigrissement. Que se passe-t-il quand on allonge le pas sur un rythme régulier et soutenu ? On augmente la combustion d'énergie – d'où amaigrissement.

Si vous voulez maigrir, allongez le pas et balancez les bras. Toutes les dix minutes, sans vous arrêtez, pratiquez ma respiration-détente en gonflant le ventre 5 à 6 secondes sur l'inspiration, et en le rentrant au maximum 6 à 7 secondes sur l'expiration.

Je distingue trois sortes de marches :

- Une marche lèche-vitrines. Non seulement elle est préjudiciable au portefeuille, mais elle tasse

les disques vertébraux à cause du piétinement, et elle fait grossir (par énervement et frustration).
- La marche flânerie, qui ne fait pas maigrir.
- La marche rapide, à grandes enjambées, d'une durée minimum de 40 minutes. Celle-ci est très efficace pour perdre du poids.

L'idéal est de faire de la marche à pied vingt à trente minutes après chaque repas. L'important est de marcher chaque jour de une heure à une heure et demie (on peut, par exemple, sauter quelques stations de métro et d'autobus, ou garer sa voiture à distance).

Soignez votre équipement et portez une attention particulière aux chaussures, qui jouent le rôle d'amortisseurs – surtout si vous avez (encore) quelques kilos à perdre. (Vous pouvez avoir une paire de chaussures de marche dans un coin, sur votre lieu de travail.) De bonnes chaussures peuvent éviter des douleurs articulaires et musculaires des pieds, des chevilles, des genoux, du bassin et de la colonne vertébrale. Les semelles extérieures seront épaisses pour amortir les chocs ou les différences de niveau ; le revêtement intérieur sera cambré, avec un profil surélevé au niveau du talon pour soulager le tendon d'Achille et répartir le poids du corps sur l'ensemble du pied. Mettez des bonnes chaussettes – les grands marcheurs et joggeurs portent souvent deux paires de chaussettes pour éviter les ampoules. Je conseille de courir, au début, sur des terrains mous, chemins de terre ou sous-bois par exemple... dans la mesure du possible.

Les femmes devront toujours porter un soutien-gorge car, quand elles perdent du poids, leur poitrine perd du volume ; elles doivent soutenir leurs seins pour éviter les traumatismes liés aux secousses. Je vois souvent dans mon cabinet de belles poitrines « cassées » par le jogging, la gymnastique aérobic ou des sports violents. En revanche, évitez le port d'une gaine, qui comprime le ventre et l'empêche de se muscler naturellement.

Portez en général des vêtements amples, de préférence en coton, qui laissent respirer la peau et évitent les irritations. Vous transpirerez en marchant, en courant ou à vélo. Lavez vos sous-vêtements chaque soir. Évitez absolument les vêtements en matière plastique. Contrairement à la légende, ils ne font pas maigrir et ils sont dangereux : la matière isolante empêche l'oxygénation de la peau, la transpiration ne peut s'évaporer, le gaz carbonique intoxique le sang, le corps ne peut se rafraîchir ; la température corporelle augmente avec le risque d'incidents : malaise, coup de chaud, accident cardiaque, fatigue cardiaque. On perd la tonicité musculaire, avec un risque de ramollissement des tissus – et d'infiltration cellulitique. Perte d'eau instantanée et, le lendemain, prise de poids.

En marchant, gardez le dos droit, la poitrine dégagée, le ventre souple. La marche fait travailler les abdominaux, mieux que dans une salle de gymnastique.

Les bienfaits de la marche vont très vite vous apparaître : votre tension va se régulariser, l'excédent de sucre éventuel dans le sang va diminuer, de même que le cholestérol – et l'acidité va régresser, renforçant les mécanismes d'amaigrissement. En marchant, en famille ou avec des amis, on parle, et ces échanges peuvent avoir les effets positifs d'une véritable psychothérapie.

Pour moi, la marche est le meilleur et le plus complet des sports. Dans mon programme de perte de poids, elle joue un rôle très important. Même si vous ne pouvez pas vous changer totalement sur votre lieu de travail, une bonne paire de chaussures suffira à vous permettre d'aller effectuer votre marche quotidienne.

Le jogging doit être réservé aux personnes entraînées et qui, grâce à mes premières recommandations, ont déjà atteint leur poids de forme. Chez les personnes non entraînées, un peu fortes, le jogging tasse les articulations en nouant les muscles et fatigue le cœur. De plus la transpiration, souvent excessive, n'est qu'une perte d'eau, de sels minéraux, et non de graisses. Déshydraté, on boit et, sur la balance, on revient au point de départ – fatigue en plus.

Je vous rappelle donc qu'il ne faut jamais courir pour perdre du poids. Cet espoir est vain, et peut être dangereux.

Le vélo

Le vélo est devenu un véritable phénomène de société. Vous pouvez le pratiquer n'importe où, en toute saison, par tous les temps. La technique ayant fait de gros progrès, vous trouverez facilement un vélo qui vous conviendra.

Trois précautions :

- Veillez à ce que le guidon soit assez haut afin de ne pas prendre une position trop courbée.
- Choisissez des chaussures antidérapantes, style tennis.
- Mettez un coupe-vent qui s'ouvre et se ferme facilement car, à vélo, on transpire vite, et on peut attraper froid.

Pour tirer un bénéfice d'un trajet à vélo, vous devrez pédaler – sans fatigue, n'oubliez pas – de quarante minutes à une heure au minimum. Recherchez la durée de l'activité sportive plutôt que la distance. Maintenez un niveau d'effort raisonnable. Vous pédalerez suffisamment fort pour transpirer légèrement, mais à un rythme assez facile pour soutenir une conversation. Ne dépassez jamais le rythme cardiaque maximal de sécurité (voir tableau page 309). En cas de fatigue, ralentissez. Vous pouvez parcourir de quinze à trente kilomètres en terrain plat. En cas de côte ou de raidillon, n'hésitez pas à mettre pied à terre. Une petite côte peut doubler la quantité d'énergie à fournir. Apprenez à vous servir du dérailleur, c'est l'occasion.

S'il y a du vent, partez face au vent pour l'avoir avec vous au retour. Un léger vent de face (10 km/h) oblige le cycliste à fournir dix fois plus d'efforts que lorsque le vent souffle dans son dos. Si vous faites de grandes randonnées, pensez à boire avant, pendant et après le parcours et emportez une collation en cas de fringale : tartine de pain complet, chocolat noir ou banane. (Évitez pâtisseries et barres caramélisées.)

Toutes les dix minutes, sans arrêter de pédaler, pratiquez ma respiration-détente cinq fois de suite, soit une minute environ; sur l'inspiration, gonflez le ventre; sur l'expiration, rentrez le ventre au maximum.

Changez-vous à l'arrivée, prenez une douche, et faites quelques mouvements d'étirement des jambes et des bras pour éviter les courbatures!

Le vélo d'appartement ou de salle de gymnastique

Je le déconseille car, sans le bénéfice du grand air, de la nature, il devient une suite de gestes automatiques qui n'apportent pas d'harmonie entre le corps et l'esprit. En outre, ces vélos à la mode sont très souvent équipés de compte-tours, de compteurs de vitesse ou de dépenses de calories, voire de simulation de côtes. Ces vélos immobiles poussent à l'effort excessif, au forcing, ce qui est à l'opposé de ce que je recherche. Ils sont générateurs de fatigue. Et, comme je l'ai souvent dit, toute fatigue est à l'origine d'un dysfonctionnement du système neurovégétatif. Le vélo d'appartement vous fatiguera et ne vous fera pas maigrir. Si, en transpirant, vous perdez quelques grammes, vous les reprendrez vite sans bouger. Nous sommes à des kilomètres de notre véritable objectif!

La natation

N'attendez pas l'été pour nager – et n'attendez pas de savoir nager pour vous mettre à l'eau.

L'eau apaise le corps, l'esprit, et elle a la vertu de combattre la fatigue. Je ne vous demande pas de vous épuiser en additionnant les longueurs de bassin. Nagez à votre rythme, vingt à trente minutes, sans vous arrêter, en ralentissant en cas de besoin. Toutes les nages conviennent, mais vous devez savoir que la meilleure nage, sur le plan cardiaque, musculaire et respiratoire, est le dos crawlé.

Dans l'eau, faites quelques étirements en appuyant votre dos contre la paroi du bassin et, tout en respirant doucement, massez-vous le ventre (voir page 158). Vous pouvez aussi suivre un cours d'aquagym; il y en a maintenant dans la plupart des villes thermales, mais aussi dans beaucoup de piscines municipales. Mais attention, il y a danger si vous souffrez du dos : les mouvements que vous allez faire peuvent augmenter le mal sans que vous en ayez conscience. Comme une drogue, l'eau ne supprime la douleur que sur le moment.

Si le bassin est équipé de jets, restez à bonne distance de ceux-ci, et pas plus de quelques minutes. Attention aux jets dirigés vers le ventre, qui peuvent engendrer des troubles intestinaux.

C'est l'eau qui remplace le mieux la main du thérapeute. En matière de tonification cardiaque, de détente, de besoin d'améliorer souffle et endurance – et d'amaigrissement –, son rôle est irremplaçable. L'idéal est de nager au moins une fois par semaine, entre deux marches ou deux randonnées à vélo.

Fortifier votre système cardio-vasculaire d'une façon ou d'une autre – si possible en pratiquant dans la détente un sport d'endurance –, renforcer du même coup votre tonus musculaire, vos poumons, votre colonne vertébrale, c'est rester dans le droit fil de ma méthode d'amaigrissement. Et s'y installer de façon durable.

Vous avez maintenant accès à un nouveau domaine du bien-être. Combien de fois ai-je observé, au cours de mes stages de remise en forme, que des personnes présentant une surcharge pondérale n'ayant jamais pratiqué d'activité d'endurance bien guidée, découvraient soudain les plaisirs du sport, la joie de l'effort et la perte de poids qui s'ensuivait. Je pense que, plus léger, vous vous sentez mieux. Mais vous n'avez pas encore fini ce voyage à l'intérieur – et à l'extérieur – de vous-même.

SURVEILLEZ VOS PULSATIONS CARDIAQUES

L'exercice améliore le fonctionnement de tous nos muscles, et donc du muscle principal de notre organisme : le cœur.

En mesurant le pouls au repos, nous avons une idée précise de l'état de notre système cardio-vasculaire. Prenez votre pouls le matin au réveil car une simple émotion, la moindre agitation physique modifient les battements de notre cœur.

Dès que vous pratiquez une activité sportive, votre cœur pompe beaucoup plus de sang. Pour connaître votre condition physique (la capacité de votre cœur et de vos muscles à utiliser l'oxygène pour produire de l'énergie), prenez votre pouls (votre rythme cardiaque) au repos, avant le sport, puis mesurez vos pulsations immédiatement après l'activité physique, puis après le temps de récupération (entre trente minutes et une heure).

Le pouls varie d'une personne à l'autre et d'un sexe à l'autre. Les femmes ont un pouls généralement plus rapide que celui des hommes. Le rythme cardiaque augmente avec l'âge.

Comment prendre son pouls ?

Contrairement à ce que certains pensent, prendre son pouls est très simple. Il suffit de chercher les battements au niveau du poignet ou à l'artère du cou.

À la base du pouce, au pli du poignet, appuyez légèrement le pouce opposé.

Avec une montre-chrono, comptez les battements sur quinze secondes et multipliez par quatre pour obtenir les battements d'une minute.

Exemple : 10 pulsations en quinze secondes = 40 pulsations en une minute.

C'est le rythme cardiaque des grands champions.

Inscrivez vos résultats sur ce tableau

Date	Pouls le matin	Pouls avant le sport	Pouls après le sport	Pouls après la récupération

Si votre pouls au repos dépasse 100 pulsations par minute, attention, consultez votre médecin.

À mesure que vous suivez mon programme de sport d'endurance (à votre rythme, sans forcer, en améliorant vos scores, sans chercher la performance), vous améliorez du même coup votre condition physique et votre pouls devient plus lent, plus régulier. Vous fortifiez votre système cardio-vasculaire en garantissant à vie le maintien de votre poids idéal.

Grâce à ce tableau, comparez votre niveau à celui d'un homme ou d'une femme de votre âge.

	Pouls au repos				Pouls trente secondes après le sport			
Âge	**20-30**	**30-40**	**40-50**	**+ 50**	**20-30**	**30-40**	**40-50**	**+ 50**
Hommes Excellent	59 ou –	63 ou –	65 ou –	67 ou –	74	78	80	83
Femmes Excellent	71 ou –	71 ou –	73 ou –	75 ou –	86	86	88	90
Hommes Bon	60 69	64 71	66 73	68 75	76 84	80 86	82 88	84 90
Femmes Bon	72 77	72 79	75 79	77 83	88 92	88 94	90 94	92 98
Hommes Moyen	70 85	72 85	74 89	76 89	86 100	88 100	90 104	92 104
Femmes Moyen	78 95	80 97	80 98	84 102	99 110	95 112	96 114	100 116
Hommes mauvais	86 et +	86 et +	90 et +	90 et +	102 et +	102 et +	106 et +	106 et +
Femmes mauvais	96 et +	98 et +	99 et +	103 et +	112 et +	114 et +	116 et +	118 et +

Cadence maximale du pouls pendant un exercice physique				
Âge	**20-30**	**30-40**	**40-50**	**+ 50**
Hommes et femmes	170	160	150	140
Attention ! Veillez à ne pas dépasser ces chiffres.				

Attention ! Cinq minutes après un exercice ou un sport, si votre pouls dépasse 120 pulsations, cela signifie que l'effort est trop violent pour une personne de votre condition physique.

Ménagez-vous des moments de détente dans la journée

Quelle que soit votre activité, quels que soient vos horaires, il est toujours possible de trouver dans la journée des occasions de vous « détendre », de « décompresser », de retrouver, à travers des moments courts arrachés à la routine, les plaisirs simples de la vie : profiter d'un rayon de soleil, d'un spectacle de la nature, d'une rencontre imprévue – d'une petite gorgée de bière.

Il est toujours possible, même si votre charge de travail, au bureau ou à la maison, est lourde, de vous ménager des moments de détente. C'est même indispensable pour libérer sa tête, guérir son ventre et se stabiliser à son poids idéal. Retrouvez la traditionnelle récréation de l'école primaire, toutes les cinquante-cinq minutes, souvenez-vous de la musique tant attendue de la cloche ou de la sonnerie qui vous libérait pendant cinq minutes, dans le but de vous détendre et de vous permettre de mieux vous concentrer par la suite. Adultes, vous ne respectez plus ce rythme naturel, et vous accumulez de jour en jour une fatigue physique et une fatigue psychologique qui congestionnent tous vos systèmes et surtout votre système neurovégétatif. D'où gonflement et prise de poids.

Ma respiration-détente est le point de départ de cette recherche : je vous ai proposé de la pratiquer aussi souvent que possible, au bureau, en voiture, en marchant, à la maison, etc. Cela va devenir un réflexe et vous permettre de retrouver un meilleur équilibre.

LA GYMNASTIQUE AU BUREAU POUR MAIGRIR

Voici quelques exercices simples, adaptés à vos horaires de bureau, que vous pourrez pratiquer pendant les temps de pause – avec beaucoup plus de profit qu'une cigarette ou un café pris hâtivement au distributeur du coin. Les premiers sont très simples et vous pouvez les exécuter sans que personne autour de vous ne s'en aperçoive. Si votre entourage s'en apercevait, ce serait d'ailleurs une bonne chose : beaucoup de mes patients hésitent, par timidité, à pratiquer mes exercices; je les ai persuadés de vaincre cette timidité et maintenant tous leurs collègues les imitent, instaurant un meilleur climat de communication et de convivialité.

✓ Assis(e), dos droit. En inspirant très doucement pendant 5 secondes, tendez la jambe droite en tirant la pointe du pied très fortement vers vous. Expirez pendant 5 à 6 secondes en dirigeant fortement la pointe du pied vers le sol.
Cinq fois de suite sur une jambe, puis 5 fois sur l'autre.

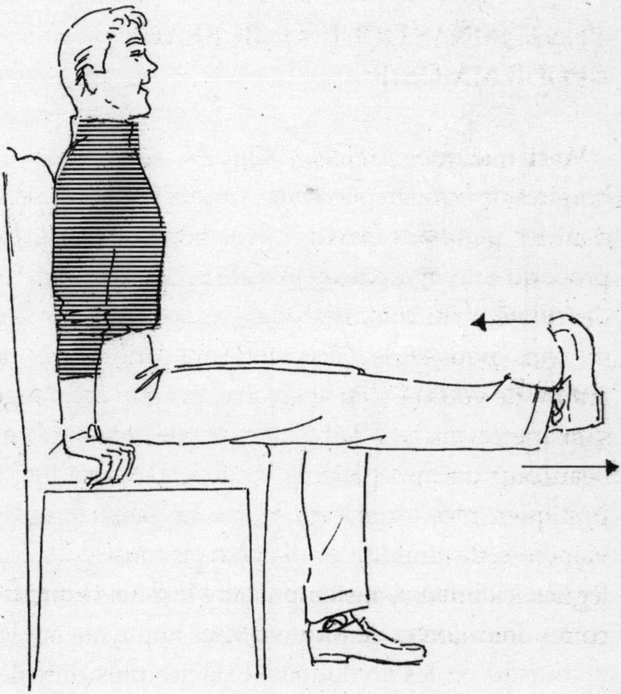

✓ Assis(e), dos droit. En inspirant et expirant doucement, levez légèrement la jambe gauche en demi-flexion, et exécutez des petites marionnettes (tremblements) avec la jambe et la cheville. Une minute à deux sur une jambe puis changez de jambe. (Exercice recommandé pour jambes lourdes ou infiltrées de cellulite qui vaut tous les drainages lymphatiques au monde.)

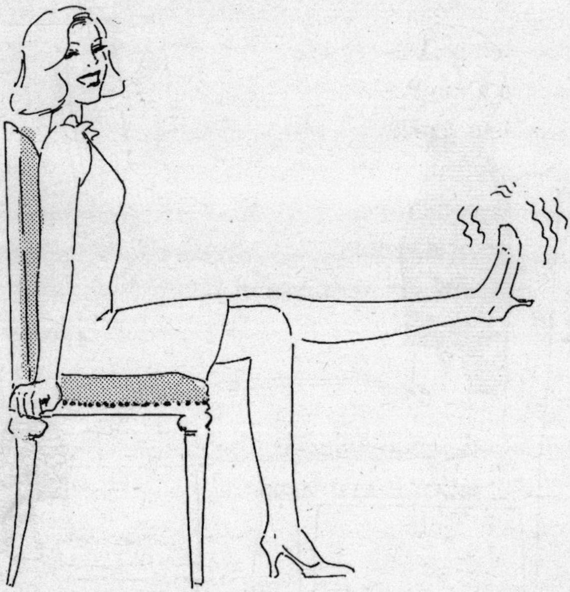

- Dans un deuxième temps, faites le même exercice les deux jambes tendues en vous appuyant sur le bureau ou les accoudoirs. Exercice plus difficile mais qui tonifiera aussi vos abdominaux.
- Une minute d'abord, allez jusqu'à 2 ou 3 minutes après quelques semaines.

✓ Assis(e), dos droit, les avant-bras posés sur le bureau. Inspirez très doucement 5 à 6 secondes en élevant le dos, puis expirez doucement en serrant chevilles, genoux et cuisses et en arrondissant le dos. Dans le même temps, laissez tomber la tête vers le bureau en rentrant fortement le ventre. À faire dix fois de suite.

Cet exercice libère la tête et procure un massage du ventre.

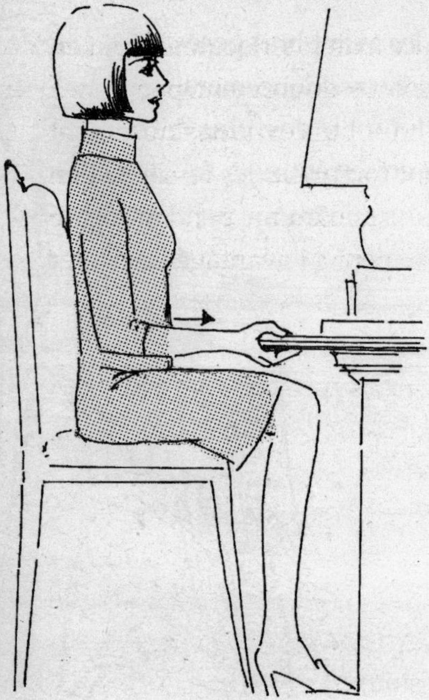

✓ Assis(e), dos droit, saisissez votre bureau avec les mains, exercez une traction vers vous en inspirant pendant 5 à 6 secondes, gonflez le ventre, élevez le dos.

Sur l'expiration, poussez votre bureau en arrondissant le dos et en rentrant le ventre au maximum.

✓ Vous êtes debout face à un interlocuteur. Tout en l'écoutant, inspirez tout doucement par le nez pendant 5 à 6 secondes puis expirez doucement par le nez en serrant fortement les fessiers et en rentrant le ventre au maximum pendant 5 à 6 secondes. Ce mouvement a l'avantage de passer totalement inaperçu.

✓ Debout adossé(e) à un mur, jambes en demi-flexion. Inspirez doucement par le nez 5 à 6 secondes en plaquant fortement le dos contre le mur. Marquez un temps d'arrêt de 2 secondes en apnée (respiration bloquée).

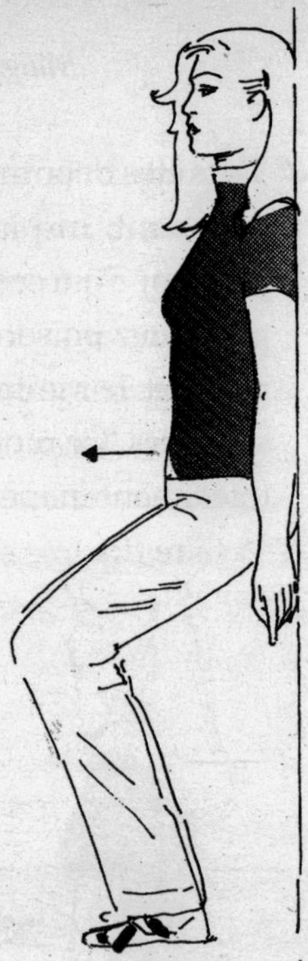

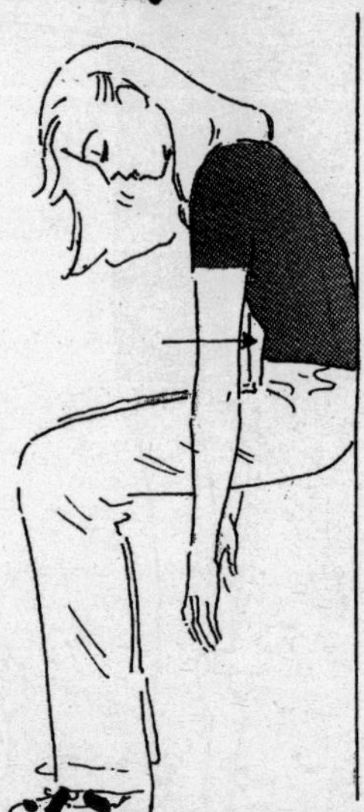

Puis expirez doucement par le nez et laissez tomber la tête, le dos et les bras. À faire dix fois de suite.

✓ Debout, bras tendus, les mains posées sur le bureau, buste à l'horizontale, jambes tendues. Inspirez doucement par le nez 5 à 6 secondes. En expirant par le nez, appuyez fortement les paumes sur le bureau, en étirant au maximum le dos vers l'arrière. Tirez sur les jambes, rentrez le ventre au maximum.
À faire dix fois de suite.

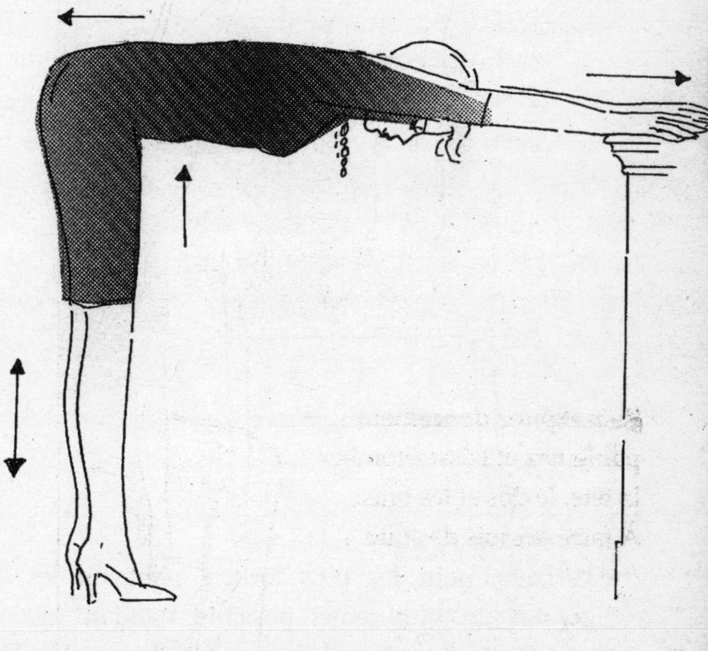

✓ Assis(e), dos droit. Saisissez les bords de votre siège. En inspirant-expirant doucement, levez les genoux joints vers la poitrine le plus haut possible.
À faire 3 à 5 séries de dix fois de suite.

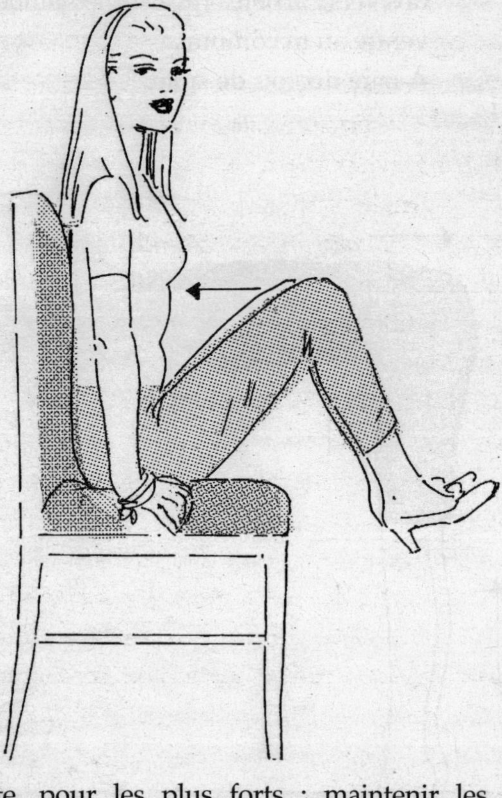

- Variante, pour les plus forts : maintenir les genoux le plus haut possible pendant 30 secondes, en inspirant expirant (surtout ne bloquez pas la respiration).

• Pour les supermen et superwomen, même exercice, jambes tendues, une minute.

Et encore plus fort, en décollant les fesses. Une minute.

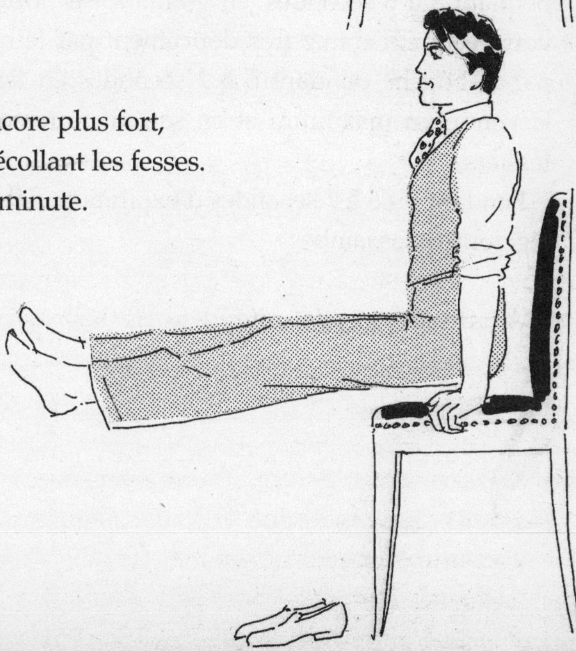

LES TRAVAUX MÉNAGERS : UNE BELLE OCCASION DE MAIGRIR

Cuisine, vaisselle, balayage, repassage, lits, vitres, aspirateur, dépoussiérage, astiquage, etc. Autant de corvées répétitives et incontournables que vous allez transformer en occasions de maigrir en assouplissant et en tonifiant votre corps.

Pause de récupération

Toutes les quinze minutes, prenez un temps de récupération d'environ une minute et pratiquez ma respiration-détente : inspirez doucement par le nez pendant 5 à 6 secondes, en gonflant très fortement votre ventre, expirez très doucement par le nez ou par la bouche pendant 6 à 7 secondes en rentrant le ventre au maximum et en serrant fortement les fessiers.

Pendant les 6 à 7 secondes d'expiration, fléchissez légèrement les jambes.

À faire cinq fois de suite.

Activités immobiles
Devant un plan de travail (cuisine, vaisselle, repassage), fléchissez les jambes, serrez les fessiers, et pratiquez ma respiration-détente cinq fois de suite et toutes les quinze minutes, puis, marquez la pause de récupération.

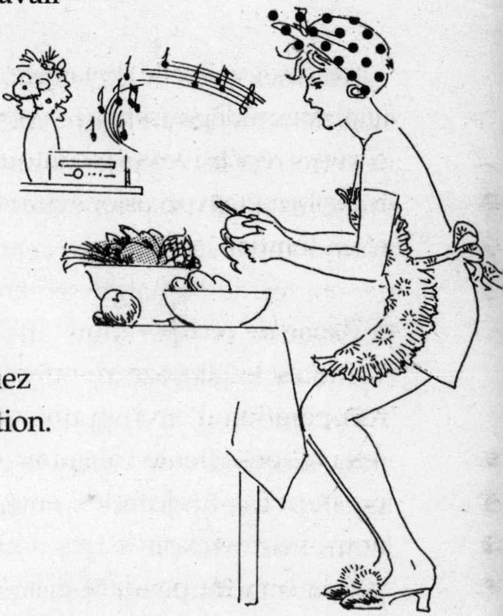

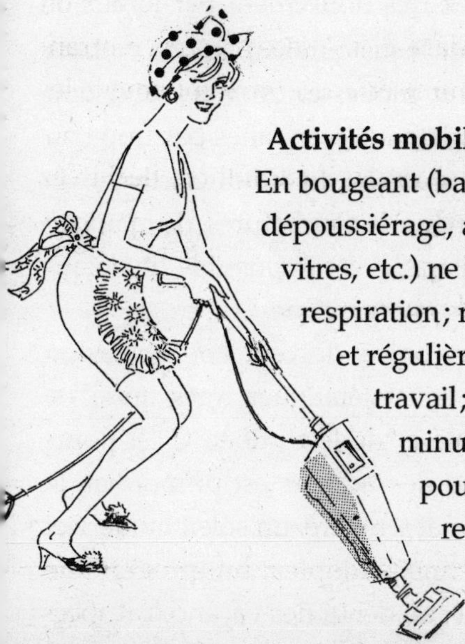

Activités mobiles
En bougeant (balayage, aspirateur, dépoussiérage, astiquage, lits, vitres, etc.) ne bloquez pas votre respiration ; respirez amplement et régulièrement pendant le travail ; toutes les quinze minutes arrêtez-vous pour la minute de respiration-détente de récupération.

TIREZ PROFIT DES WEEK-ENDS ET DES VACANCES

Les week-ends et les vacances doivent être l'occasion de remettre à l'heure votre horloge biologique, de retrouver les rythmes naturels : vous n'avez, cette fois, plus d'excuse pour éviter la respiration-détente, pour manger sur le pouce, pour sauter le petit déjeuner-starter de l'amaigrissement, pour acheter n'importe quoi, et pour vous affaler sur un canapé en regardant la télévision.

Pas question, à l'opposé, de transformer week-ends et périodes de vacances en marathons d'activités diverses – sportives ou ménagères – ou en gueuletons trop arrosés.

Il vous faut trouver le juste milieu, le bon rythme entre hyperactivité et mollesse. Le week-end doit être l'occasion de la détente (n'en faites pas trop : on ne compte plus les épuisés du lundi, victimes de traumatismes ou perclus de courbatures, de maux de dos, etc.). En deux jours, il est impossible de défatiguer complètement son organisme.

Les vacances, par contre, doivent être l'occasion non seulement de vous défatiguer mais aussi de régénérer l'organisme et de le fortifier. C'est pourquoi le choix du lieu de vacances est primordial. Je recommande un climat tempéré, un soleil modéré et une altitude moyenne. Adoptez un programme mesuré et progressif : au début des vacances, respectez une phase d'adaptation de quelques jours, sur le plan alimentaire comme sur le plan sportif – surtout en cas de long trajet, ou de décalage horaire.

Dès le début du week-end ou des vacances, mettez-vous à l'aise, dans des vêtements confortables qui facilitent les mouvements, libèrent le ventre, les plexus, l'aine, les aisselles et les chevilles. Mettez de bonnes chaussures de marche, évitez les chaussures plates.

Si vous en ressentez le besoin, prolongez vos nuits par des siestes : le repos et la détente sont les premières étapes de mon plan d'amaigrissement.

Quand vous aurez récupéré (deux ou trois jours), vous pourrez commencer une activité physique douce et mesurée sur des parcours limités – n'oubliez pas que vous devez revenir. Modulez vos efforts suivant un programme progressif, soyez à l'écoute de votre corps, apprenez à faire disparaître vos « coups de pompe » sans médicaments, café, cigarettes, vitamines, etc. En s'estompant, ils vous apporteront la preuve que vous avez retrouvé vos rythmes naturels ; votre amaigrissement suivra harmonieusement et durablement.

SURCHARGE PONDÉRALE CHEZ VOS ENFANTS : ALERTE !

Cela peut paraître anodin et même vous échapper : à tous les âges, les enfants peuvent présenter une surcharge pondérale. Bien que le bébé joufflu et rondouillard (style bébé Cadum) soit passé de mode, j'observe que pour beaucoup de parents, quelques kilos de trop chez leur enfant les rassurent plutôt et sont même interprétés comme le signe d'une bonne santé.

Grave erreur! Par rapport à son poids, deux ou trois kilos de trop chez un enfant correspondent à 5 ou 10 kilos de surcharge chez l'adulte. Il faut agir immédiatement. D'abord, vous interroger sur la façon dont vous alimentez votre enfant : ce n'est pas en le suralimentant ou en le bourrant de vitamines que vous manifestez amour et tendresse.

- Mange-t-il à des heures régulières, dans le calme, bien assis, en une demi-heure?
- Êtes-vous sûr(e) qu'il fait deux fois par jour un vrai repas : entrée-plat principal-dessert?
- Êtes-vous assez attentif(ve) à l'incontournable petit déjeuner, régulateur de « l'horloge biologique alimentaire »?
- Êtes-vous sûr(e) qu'il ne grignote pas entre les repas – ce qui a souvent pour conséquence un manque d'appétit à table?

N'oubliez pas que les habitudes que vous donnez à vos enfants, du plus jeune âge à la puberté, vont déterminer leurs goûts, leurs aversions, tout leur avenir alimentaire. Beaucoup de problèmes de poids, chez les adultes ont leur origine dans de mauvaises habitudes contractées dans l'enfance.

Que faire ?

- Habituez vos enfants à manger de tout. Évitez la monotonie, laissez-les choisir, faites les menus des repas avec eux. Emmenez-les faire les courses et goûter les produits. Privilégiez les légumes et les fruits frais de saison. Apprenez-leur à cuisiner, les enfants adorent cela.

- Combattez le grignotage. Si votre enfant a faim entre les repas, pensez à préparer une collation pour la matinée et un goûter équilibré à emporter dans son cartable (voir page 142). L'important est de combattre chez l'enfant le besoin de sucre créé par un mauvais équilibre alimentaire, essentiellement manque de protéines animales et de sucres lents (pâtes, riz, semoule, légumes secs).

- Un enfant doit bouger. C'est la condition de son équilibre physique et psychologique. Il doit impérativement, dès son plus jeune âge, pratiquer régulièrement un ou plusieurs sports. Guidez-le donc dans ses choix. N'acceptez jamais, si vous voulez qu'il reste à son meilleur poids, qu'il passe ses week-ends devant la télé. Donnez l'exemple, sortez ensemble, faites du sport avec lui ou tout simplement donnez-lui le goût de la marche à pied.

SURVEILLEZ VOTRE POIDS PENDANT LA GROSSESSE

Au cours de la grossesse, il ne faut pas prendre plus d'un kilo par mois. Au terme de la grossesse, la surcharge ne doit pas dépasser 9 à 11 kilos.

Contrairement à certaines idées reçues, on ne doit pas manger pour deux.

La plupart des femmes prennent 3 à 4 kilos les deux premiers mois de grossesse (deux fois trop). Leur appétit augmente car, psychologiquement, elles jugent important d'approvisionner leur bébé. Elles sont aussi sujettes aux fringales, aux envies, car émotionnellement fragilisées. Elles diminuent presque toujours leur activité sportive, ce qui est une erreur (sauf cas médical). La femme enceinte doit continuer à nager, faire du vélo, marcher, etc. Seules contre-indications, les sports violents et les efforts nécessitant des mouvements les bras en l'air.

Que faire?

- Être encore plus vigilante sur l'alimentation. Résistez aux envies de sucré. Compensez par des fruits et légumes frais, des protéines, des sucres lents. Pas de gavage de laitage sous prétexte d'augmenter la teneur en calcium. Pas plus d'un yaourt par jour.

- Veillez à la régularité de la prise alimentaire pour éviter les coups de pompe. Ajoutez aux trois repas deux petites collations quotidiennes, ce qui a pour conséquence de diminuer les quantités prises lors des repas.

- Privilégiez la détente par des pauses-récupération toutes les heures (voir page 322) surtout si vous conservez votre activité professionnelle jusqu'à l'accouchement.

- En aucun cas il ne faut démarrer des séances de gymnastique abdominale pendant la grossesse, sous prétexte de raffermir le ventre. Il fallait y penser avant, vous vous rattraperez après.

- Veillez à garder un sommeil réparateur. En cas de fatigue, multipliez les siestes courtes. Profitez des week-ends pour vous détendre.

APRÈS UNE GROSSESSE : RETROUVEZ VOTRE POIDS DE FORME

Après un accouchement, 80 % des mamans ont du mal à retrouver leur poids initial. Très souvent, elles se retrouvent avec 5 à 15 kilos de trop.

Que faire ?

- D'abord comprendre qu'il faut deux mois au minimum pour récupérer après la fatigue normale de l'accouchement. Pendant ces deux mois, je vous conseille d'oublier le problème de votre poids, surtout si vous allaitez. C'est le délai qu'il faut pour que les organes se remettent en place. Donc pas de gymnastique en force, ni musculation, mais toutes les heures la respiration-détente. Si votre accouchement s'est bien déroulé, et en accord avec votre gynécologue, commencez dès la première semaine ma méthode de contraction isométrique : dans le lit, en inspirant par le nez pendant 5 à 6 secondes, contractez doucement et progressivement tous les muscles de votre corps en serrant les poings et en tirant les pointes de pied vers vous. Expirez doucement pendant 5 à 7 secondes en relâchant tous les muscles. Pratiquez ces exercices 5 fois de suite toutes les deux heures.

- Les semaines suivantes, accentuez les contractions musculaires et pratiquez ces mouvements allongée, assise ou debout.
- Le deuxième mois, commencez progressivement les abdominaux (voir page 182) et les exercices d'assouplissement de la colonne vertébrale (voir page 191). Chaque fois que vous en avez l'occasion, marchez mais n'allez jamais jusqu'à la fatigue.

  Ménagez-vous des temps de repos, allongée, les jambes surélevées, 5 à 15 minutes, 4 fois par jour. Ces phases de récupération sont très importantes pour maigrir naturellement.
- Variez votre alimentation au maximum et mangez à des heures régulières : la fatigue post-natale peut couper l'appétit et conduire insidieusement au grignotage – qu'on doit éviter à tout prix. Les lendemains de couches constituent une période cruciale, quelquefois accompagnée de dépression, génératrice de mauvaises habitudes alimentaires, véritable tremplin de la prise de poids.
- Deux mois après l'accouchement, sauf en cas d'allaitement, commencez mon programme quotidien d'abdominaux sans forcer, 5 minutes le matin et 5 minutes l'après-midi. Reprenez une activité physique modérée (marche, natation, vélo).
- Au troisième mois, la perte de poids s'amorce d'une façon naturelle, 3 à 4 kilos par mois (n'exigez pas plus), jusqu'à votre poids de forme.

MAIGRIR EN RETROUVANT SA LIBERTÉ

Caroline, 30 ans, + 8 kg
Mariée, 2 enfants, femme au foyer

À la naissance de son second enfant, Caroline, en accord avec son mari, a décidé d'arrêter de travailler. Son métier de décoratrice attachée à un cabinet d'architecture, la passionnait mais elle souhaitait se consacrer totalement à ses enfants. On voit souvent, après un second accouchement, des femmes très actives abandonner leur vie professionnelle ; parfois elles se laissent glisser dans une sorte de passivité, négligeant toute activité physique, alors qu'au contraire, elles devraient la prolonger, afin de bien récupérer.

Caroline et son mari, quelques semaines après l'accouchement, quittèrent l'appartement parisien devenu trop petit, pour une jolie maison avec jardin dans la proche banlieue.

Les premiers mois, Caroline fut très prise par la décoration de la maison, l'organisation de leur nouvelle vie avec deux enfants. Puis elle se sentit fatiguée, frisant même une petite dépression. Son mari partait très tôt et ne rentrait que tard dans la soirée. Elle se retrouvait seule avec ses enfants, loin de toutes ses amies. Puis elle commença à se reprocher ses états d'âme. Imperceptiblement, Caroline se mit à prendre du poids en mangeant debout, en servant ses enfants et en grignotant à toute heure. Quand je la rencontrai, elle avait 8 kilos de trop.

Je lui proposai un programme en douceur fondé sur des repas pris assis, à des heures régulières, en tenant compte des impératifs de sa vie de famille. Des exercices d'abdominaux pour rétablir la tonicité de son ventre, affaibli par deux grossesses.

J'obtins aussi qu'elle se ménageât deux fois par semaine de vrais espaces de détente pour des activités de son choix hors de chez elle.

En deux mois, Caroline retrouva un corps ferme et son poids d'avant ses maternités.

À LA MÉNOPAUSE, ATTENTION : PRISE DE POIDS « HORMONALE »

Entre 45 et 55 ans, à la suite des modifications hormonales de la préménopause et de la ménopause, une femme qui n'avait jamais eu de problème de poids peut prendre quelques kilos. Celle qui luttait déjà contre l'embonpoint a de plus en plus de mal à maintenir son poids de forme.

Ces kilos superflus s'accompagnent souvent de problèmes circulatoires des jambes, la silhouette s'épaissit et la graisse vient se fixer autour de la taille et sur le ventre. Il s'ensuit un mal être, une baisse d'activité physique et souvent des tendances boulimiques.

Il est primordial pendant cette période délicate de consulter son médecin qui prescrira un traitement simple et souvent efficace après un bilan hormonal.

Ce n'est pas le moment de se laisser aller.

Il faut réagir.

Que faire ?

- Ne jamais interrompre votre activité sportive si vous en pratiquiez une. Débuter un sport d'endurance (voir page 292) si vous n'avez jamais fait de sport.

- Faites chaque jour quelques exercices d'abdominaux et bien sûr la respiration-détente chaque fois que vous en ressentirez le besoin (stress, anxiété...).

- Pratiquez chaque jour les auto-massages du ventre, la santé de votre ventre est une priorité.

- Soyez particulièrement vigilante sur la prise alimentaire lente, équilibrée et variée. Privilégiez les aliments frais, fruits et légumes, riches en vitamines et en oligo-éléments.

- Rencontrez des amis, faites des projets, c'est bon pour le moral et pour la ligne.

CHEZ L'HOMME, ATTENTION : LES KILOS DE LA MATURITÉ

À partir de 35 ans, on observe souvent chez l'homme une prise de poids intempestive, surtout au niveau du ventre.

Elle est due en général au stress, à la suralimentation, à la prise alimentaire rapide et désordonnée, à l'excès de boisson, à l'abandon de l'activité sportive.

Au-delà de 55 ans, peuvent s'ajouter les facteurs hormonaux de l'andropause.

Que faire ?

- D'abord retrouvez une activité sportive d'endurance sans forcer, qui apportera détente, bien-être, calme et permettra de passer à table détendu et de mieux choisir les aliments.
- Pratiquez toutes les heures ma respiration détente-bien-être.
- Mangez à des heures régulières, en limitant la consommation d'alcool.
- Ne pas sauter le petit déjeuner.
- Ménagez-vous des phases de détente de quelques minutes dans la journée.
- Programmez chaque matin 5 minutes de gymnastique d'assouplissement (voir page 295) et d'abdominaux (voir page 182).

CONCLUSION

Après avoir publié de nombreux livres consacrés à la santé, à la forme, au bien-être, à la lutte contre le vieillissement, aux maux de dos et à l'amaigrissement, je suis persuadé que la carte majeure dont nous disposons pour rester en bonne santé et pour éliminer définitivement les kilos superflus, est celle du naturel.

Vous êtes de plus en plus nombreux(ses) à vous retrouver désarmé(e)s, dépressifs(ves), découragé(e)s, après avoir essayé tous les régimes, avalé toutes les gélules, écouté tous les conseils. Et sans avoir jamais résolu votre problème de poids.

Pour maigrir et retrouver la santé, il importe avant tout d'aller à l'essentiel, c'est-à-dire de construire une base solide qui supportera le poids des épreuves de la vie (drames, stress, émotions...). Cette base a toujours eu, pour moi, les mêmes fondations : l'oxygénation, une bonne santé du ventre, une alimentation équilibrée, une activité physique régulière, l'harmonisation du corps et de l'esprit. C'est là que réside le secret – le seul secret – de l'amaigrissement sans jamais regrossir.

Tout au long de ma carrière, j'ai lutté contre les méthodes dites miraculeuses, les produits amincissants, les régimes accrocheurs et prometteurs à base de protéines, les régimes dissociés, ou végétariens, toujours suivis par un retour en force des kilos, de sérieux troubles de santé et des désordres psychologiques.

Hélas !, influencé(e) par les médias, le bouche à oreille, l'audimat, vous exigez des résultats rapides. Sans essayer de comprendre les mécanismes de l'amaigrissement. D'où toutes les fausses routes dont ce livre doit vous détourner en vous mettant sur la voie naturelle de l'amincissement en préservant, sans vous priver, votre santé, votre plaisir, votre joie de vivre – bref, le bonheur !

Pierre PALLARDY

TABLE DES MATIÈRES

DU MÊME AUTEUR

La grande forme
Encre, 1979

En pleine santé
Édition° 1, 1981

La forme naturelle
Édition° 1, 1983

Manger pour guérir
Éditions RMC, 1987

Plus jamais mal au dos
Fixot, 1988
Robert Laffont, 1998

Les chemins du bien-être
Fixot, 1990

Le droit au plaisir
Fixot, 1992

Le cri du cœur
(Autobiographie)
Plon, 1996

Maigrir
Michel Lafon, 1997

Maigrir là où vous voulez
Éditions 1, 1998

La grande forme après 40, 60, 80 ans
Éditions 1, 1999

Imprimé en France sur Presse Offset par

BRODARD & TAUPIN

GROUPE CPI

La Flèche (Sarthe).
N° d'imprimeur : 24834 – Dépôt légal Éditeur : 49345-09/2004
Édition 03
LIBRAIRIE GÉNÉRALE FRANÇAISE - 31, rue de Fleurus - 75006 Paris.
ISBN : 2 - 253 - 16568 - 9

31/6568/5